31 Días Luminosos

Un Devocional que Iluminará tu vida y la cambiará para siempre.

Por

Claribel Ramírez

LUMINOUS
Books

31 Días Luminosos

© 2020 por Claribel Ramírez

Todos los derechos reservados por parte del autor. El autor garantiza que todo el contenido de este libro es original y que no infringe los derechos de cualquier otra persona u obra. Ninguna parte de este libro puede ser reproducido en ninguna forma sin el permiso del autor. Las expresiones y opiniones en este libro no son necesariamente las del publicador.

Sino esta indicado, citas de la Biblia son de Nueva Versión Internacional de Biblical, Inc.™. Usado con permiso. Todos los derechos reservados.

La Biblia Reina-Valera, 1960 Dominio public

Traduccion Lengua Actual, Socidades Biblicas Unidas, 2000. Usado con permiso.

Impreso en los Estados Unidos

ISBN 978-1-7359627-6-4

Luminous Books

Florida

CONTENIDO

~ DEDICATORIA VII

~ INTRODUCCIÓN IX

~ DIOS ADONAI ~
Dia 1: Tendré Fe 1

~ EL- GIBHOR ~
Dia 2: Guía mis pasos 6

~ YAHVÉH SAMA ~
Dia 3: Tengo la Victoria 11

~ DIOS EL ALFA Y LA OMEGA ~
Dia 4: Constante en oración 16

~ DIOS SABAOT ~
Dia 5: Esperare en Dios 21

~ SHALOM ~
Dia 6: Somos un solo pueblo 27

~ ELOHE JESEDI ~
Dia 7: Soy agradecido(a) 33

~ EL SHADDAI ~
Dia 8: Pediré por mis hermanos 39

~ EL GUEMULAW ~
Dia 9: El Diezmo es de Yahweh 46

~ ELOHIM ~
Dia 10: Dios me dio tiempo para todo 52

~ YAHVEH HESED ~
Dia 11: Pediré en su nombre 59

~ YAHVÉH- MEKADDESH ~
Dia 12: Él me responderá 65

~ JEHOVA SHAMMAH ~
Dia 13: Hoy yo decido perdonar 72

~ YAHVEH GO' EL ~
Dia 14: Haré Tu voluntad 78

~ YAHVEH ~
Dia 15: El tesoro que llevo dentro 85

~ YAHVEH MEFALTI ~
Día 16: Hay poder en la Sangre 92

~ ELOHE TSADEKI ~
Dia 17: No temeré 99

~ ELOHIM KEDISHIM ~
Dia 18: Confesare con mi boca 106

~ EL ROHI ~
Dia 19: Abriré mis ojos 113

~ ELOHIM OZER LI ~
Dia 20: No me negaré 121

~ YAHVEH ELOHE ABOTHEKEM ~
Dia 21: Hablaré de Tus maravillas 128

~ YAHVEH JEREB ~
Dia 22: Oraré en el Espíritu 134

~ YAHVÉ NISI ~
Dia 23: Pediré y recibiré 140

~ YAHVEH JIREH ~
Dia 24: El grano de trigo 146

~ JEHOVA GIBBOR MILJAMA ~
Dia 25: Estoy cubierto bajo tus alas 152

~ EL SIMJAT GILI ~
Dia 26: Avivar el fuego del Espíritu Santo 160

~ YAHVEH EMETH ~
Dia 27: Soy cabeza y no cola................................169

~ EMMANUEL ~
Dia 28: Planes de bien 176

~ EL HAYAY ~
Dia 29: Necesito adorarte 183

~ EL EMUMA ~
Día 30: La necesidad de convertirme 190

~ YAHVÉH RAFA ~
Dia 31: Venceré con tu sangre 198

~ Palabras de la Autora 205

~ Acerca de la Autora......................................209

DEDICATORIA

Le dedico este Devocional primeramente a mi mejor amigo el Espíritu Santo,

A mis abuelos maternos que fueron una gran inspiración en mi vida, "mama Bellota" y a "papa Fello". Todavía puedo recordar a papá parado haciendo la oración y a mamá sentada junto a él acompañándolo, nosotros los nietos estábamos allí en esa hora la cual era santa.

Gracias porque, aunque no supiera la importancia de orar en aquellos cortos años hoy puedo entenderlo, siempre los llevaré en mi corazón.

A mi madre quien sin saberlo impactó mi vida con una biblia abierta en el Salmo 91 el cual tuve que aprender de memoria para alejar el mal de mis ataques espirituales desde niña, al igual nunca olvidaré y le estoy agradecida a mi tia Aurora y sobretodo a mi familia Ramirez paterna más cercana quienes me acogieron y me dieron buena crianza aquí en este país, ellos saben bien quien son, los amo con todo mi corazón eternamente agradecida. Gracias a mi amado esposo por su paciencia y por creer en mi vision.

No puedo olvidar dedicárselo también a una persona muy especial en mi vida, mi hermano Kevin, a quien Dios usó un día para sacarme de la cárcel espiritual en la que yo vivía sin saberlo. Estas fueron las palabras que el uso; "Manita el día que tú quieras que algo o alguien cambien en tu vida pídele a Dios que te cambien a ti primero" está palabras todavía resuenan en lo más profundo de mi ser, y tal como él me lo sugirió, hoy sé que ese día fue inspirado por el Espíritu Santo, así mismo empezó mi travesía en la búsqueda de que Dios cambiará mi vida.

Y lo hizo y lo sigue haciendo, soy un trabajo en progreso y sé que Dios aún no ha terminado conmigo. ¡Gracias a Dios!

INTRODUCCIÓN

Con cada página de estos 31 Días Luminosos traerán a tu vida esa luz de revelación y dirección tu alma para ser transformada por el Espíritu Santo. Los días vienen con un mensaje personal para que puedas recibir en tu corazón una palabra de aliento y sanidad que tanto anhelas, la liberación de ataduras y más aún de bendiciones diarias, que también recibirás al aprender el poder detrás de los nombres de Dios que demuestran Su Carácter, los cuales incluyó uno cada dia.

Debemos saber que Dios en su soberanía tiene planes de bien para cada uno de nosotros y no planes para nuestro mal. Muchos esperamos en un Dios lejano con la poca fe y esperanza de que algún día él conteste nuestras oraciones, pero yo quiero informarte hoy que Dios es un Dios real, un Dios omnipresente que está a la puerta de tu corazón tocando diariamente esperando que tu abras y respondan al llamado. Dios te está esperando y quiere que tú tengas una relación personal con él, con su único hijo Jesús y con su Espíritu Santo, quien está para dirigir cada uno de tus pasos en su verdad, por esta tierra. Cada día encontrarás promesas, protección y guianza para poder llegar a tener una vida plena y significativa e iluminada por la luz del Espíritu Santo.

Hoy puedes empezar a vivir el propósito por el cual tu creador te ha llamado, desde antes de llegar al vientre de tu madre, Él llenará tu existencia con alegría, esperanza y sobre todo pondrá paz en tu interior.

Este devocional fue inspirado para edificar, fortalecer y direccionar tu camino por esta vida con la palabra de Dios. Yo personalmente le pido al Señor que abra tus ojos y oídos espirituales para que puedas verle y escucharles. Confío plenamente que estas páginas te ayudarán a superar muchos atajos que puedas estar enfrentando, lo sé porque me tomó más de 2 años y medios escribirlo, me tocó guerrear espiritualmente y en la carne, cuando más desee terminarlo para ponerlo en tus manos más difícil se me hacían conjugar las palabras que Dios ponía en mi corazón para ti. Finalmente, El Señor me dijo el tiempo es ahora y mientras escribía cada día sentía como el Espíritu Santo cambiaba mis palabras por las de él. Gloria a Dios en lo alto, mi alma alaba su santo nombre. Mientras escribo estas letras el Señor pone en mi corazón el Salmo 46:10 "Estad quietos y reconocer que Yo soy Dios" Muchas veces nos afanamos por cosas innecesarias y se nos olvida la importancia de reconocerle a Él. En este versículo podremos darnos cuenta de lo importante de posicionarnos diariamente ante la presencia del Omnipotente sabiendo que Él es Nuestro Dios.

¡A través de estos 31 Días Luminosos tu vida cambiará para siempre! al decidir avanzar dia a dia con este devocional por medio de la palabra de Dios y dedicar parte de ellos en la quietud de su presencia, en Espíritu y en Verdad.

¡Recibe la paz que sobrepasa todo entendimiento en el nombre Poderoso de Jesús!

¡Amén!

Aunque Dios está infinitamente muy por encima de nuestra capacidad de comprenderlo, aprenderemos que EL es la plenitud de todo en todo; a través de las Escrituras él nos revela verdades muy importantes y específicas, acerca de sí mismo las cuales nos ayudaran a entenderle y a descubrir tal cómo es Él y por ende así ser atraídos a su presencia y llegar a adorarle como nuestros único Salvador. Para llegar a conocerle es sumamente imprescindible enfocarnos cada día en Él, en su incomparable amor y en Su Sacrificio por nosotros así podremos tener una relación más íntima con El.

DIOS, SEÑOR NUESTRO, ¡CUÁN GRANDE ES TU NOMBRE EN TODA LA TIERRA! CONFORME A TU NOMBRE, DIOS, ASÍ ES TU LOOR HASTA LOS CONFINES DE LA TIERRA DIOS ES CONOCIDO EN JUDÁ; EN ISRAEL ES GRANDE SU NOMBRE TORRE FUERTE ES EL NOMBRE DE DIOS; A ÉL CORRERÁ EL JUSTO, Y SERÁ LEVANTADO

SALMO 8:1 ~ SALMO 48:10 ~ SALMO 76:1

Día Luminoso 1

DIOS ADONAI

El Señor, Mi gran Señor.

Tuya es, oh, SEÑOR, la grandeza y el poder y la gloria y la victoria y la majestad, en verdad, todo lo que hay en los cielos y en la tierra; tuyo es el dominio, oh, SEÑOR, y tú te exaltas como soberano, sobre todo.

1 Crónicas 29:11 (LBLA)

Día Luminoso 1

Tener fe es tener la plena seguridad de recibir lo que se espera; es estar convencidos de la realidad de cosas que no vemos.

Hebreos 11:1 (DHH)

Reflexión:

En estos tiempos actuales en los que estamos viviendo, lo menos que podemos hacer es conformarnos con lo que escuchamos a otros decir u opinar acerca de nuestra actual situación y del futuro incierto que enfrentamos. ¡No! No lo hagas, es sumamente importante saber la verdad de lo que está sucediendo. Quizá te preguntes, bueno si, pero ¿de cuál verdad estás hablando? Estoy hablando de la palabra de Dios *(La Biblia)* esta es la voz de Dios hablada, la cual se nos revela si la leemos continuamente y meditamos en ella, al igual nos indicará lo que debemos de hacer en tales situaciones. Por ejemplo, nos dice en el libro de Juan 14:6: Jesús le dijo*: *Yo soy el camino, y la verdad, y la vida; nadie viene al Padre sino por mí.* ¡Esta es la verdad absoluta de la que estoy hablando y te ayudará a crecer y a tener un fundamento sólido en tu vida teniendo una fe firme y no como lo que dicen por ahí "que hay que ver para creer" ¡NO! Es todo lo contrario, tenemos que creer para ver que lo deseado puede convertirse en una realidad. Cuando entendemos esta verdad que Jesús es el único camino entonces esa fe de la que te hablo crecerá y veras el fruto en tu vida y en la de los tuyos. Por eso dice la palabra que "Sin Fe es imposible agradar a Dios" en el mismo capítulo de Hebreos versículo 6. Ahora lo que podemos entender es que la Fe es un ingrediente primordial para nuestro caminar por esta tierra. No solo para los creyentes quien creen, si no aún más para los que no lo son, aquí te mostrare que todos creyentes o no tienen una medida de fe y si no la crees mira lo que dice el Apóstol Pablo en Romanos 12:3: *Porque en virtud de la gracia que me ha sido dada, digo a cada uno de ustedes que no piense de sí mismo más de lo que debe pensar, sino que piense con buen juicio, según la medida de fe que Dios ha distribuido a cada uno.* Espero que entiendas que tanto los creyentes como los que no lo son tienen una medida de fe, algo importantísimo saber, porque cuando escuches a alguien diciendo yo no tengo fe tú podrás ayudarles mostrándole lo contrario. Ahora tú puedes ser portador de la voz de Dios al mostrarle a esa persona la verdad sobre su fe lo cual será para su propio beneficio. Quisiera hacer un hincapié en lo siguiente... *Mateo 17:20 Ustedes no tienen la fe suficiente —les dijo Jesús—. Les digo la verdad, si tuvieran fe, aunque fuera tan pequeña como una semilla de mostaza, podrían decirle a esta montaña: "Muévete de aquí hasta allá", y la montaña se movería. Nada sería imposible.* Aquí Jesús nos sigue recalcando que tenemos fe, pero no la suficiente para que esa Fe se convierta en algo tangible que tú y yo podamos palpar.

Hermanos en Cristo les insisto a que la forma más fácil y segura de aumentar nuestra fe está en escudriñar las escrituras. En leer libros que se basen en la palabra, porque hay promesas que nos esperan la cual por falta de esa fe tan pequeña que nos es requerida no hemos obtenido las promesas que ya hace más de 2000 años salieron de la boca de Dios, las cuales nos pertenece a ti, a mí y a todas nuestras generaciones.

Aplicación:

¡VAMOS! Pídele al DIOS ADONAI que aumente tu fe, recuerda que la palabra nos dice: *Tener fe es tener la plena seguridad de recibir lo que se espera; es estar convencidos de la realidad de cosas que no vemos. Heb 11:1* (DHH). Para que puedas ver tus promesas y como Él obra en tu vida personal y en la vida de aquellos que están a tu alrededor, párate firme y reclama lo que te pertenece en el nombre de Cristo Jesús. Porque si Dios está contigo y los tuyos nadie puede estar contra ti. Recuerda Dios es el Amo y Señor, Dios es tu plena confianza.

Oración:

Señor Todo Poderoso te pido que aumente mi fe en este día, que yo pueda reconocer que no hay que tener una gran Fe para obtener milagros sobrenaturales en mi vida. Padre Celestial abre mis ojos espirituales para ver más allá de lo natural, que puedan creer en tu benevolencia porque lo que tu prometes Señor tú lo cumples. En ti no hay variación, tú quieres lo mejor para mí y para los míos, aumenta mi poca fe Señor, Dios de gloria todo esto te lo pido en el nombre poderoso de Jesús.

Notas;

Qué aprendí,

Día Luminoso 2

EL-GIBHOR

"DIOS EL FUERTE"

El remanente volverá, el remanente de Jacob volverá al Dios fuerte.

Isaías 10:21 (Rv1960)

Día Luminoso 2

Haz, Señor, que conozca tus caminos, muéstrame tus senderos. En tu verdad guía mis pasos, instrúyeme, tú que eres mi Dios y mi Salvador. Te estuve esperando todo el día, sé bueno conmigo y acuérdate de mí.

Salmos 25: 4,5 (BL)

Reflexión:

Este es uno de mis salmos favoritos, recuerdo que me lo enseñó una conocida llamada Mary en Orlando, Florida en los momentos más difíciles de mi vida. Cuando buscaba el rumbo para mi vida y no encontraba salida alguna, recuerdo muy bien que al leer este salmo de inmediato lo lleve en mi corazon dia y noche, hasta el dia de hoy. En mi caminar con Dios, he aprendido a entender que todos los días traen sus propias dificultades como nos dice el mismo Jesús en *Mateo 6:34 (NBV) No se preocupen por lo que sucederá mañana, pues mañana tendrán tiempo para hacerlo. Ya tienen suficiente con los problemas de hoy.* Lo cual me indica que cada día debo pedir dirección del Espíritu Santo y al mismo tiempo esperar ser guiada por el, debemos pedir la claridad para cada paso que vamos a dar en nuestro caminar. Yo te insto a que ahora que estás leyendo este Día Luminoso quizás puedas ser que te encuentres perdido o perdida, sin rumbo y sin dirección, te pido detente un momento y leas nuevamente el salmo de este dia y medita en él junto a las siguientes lecturas diarias.

Te animo a que ores diariamente y que tomes la decisión de leer cada dia o por un tiempo definido por ejemplo 21 días, 40 o más, vamos tú puedes vencer. Deja que sea Dios quien ponga en tu corazón el tiempo exacto para que veas como él mismo empezará a guiar tus pasos por senderos gloriosos que no te imaginas. Te aseguro te serán de bendición.

En estos momentos me llega el recuerdo de una vez donde él Señor me movió hacer 40 días y 40 noches con mi hija Ashley Claree, bien tomamos la decisión de que un día ella guiaba la oración y otro día me tocaba a mí. No preparábamos nada simplemente orábamos y le pedíamos a El Espíritu Santo que nos hablara al corazón y nos guiara a la palabra. Fueron 80 días tan maravillosos como también fueron días frustrantes, no porque Dios no, nos guio sino porque había días donde mi hija se negaba a orar cuando le tocaba. Recuerdo que mientras esperaba para que ella reaccionara, yo no paraba de reclamar la sangre preciosa de nuestro Señor Jesucristo en silencio a la cual le tengo total confianza en que mueve obstáculos y si te cuento que finalmente funcionaba. Bueno quiero que sepas que vimos milagros y recibimos muchas revelaciones, tanto yo como mi hija quien en ese entonces ella no había tenido visiones, Él Señor le mostraba versículos o nombres de algún profeta de la palabra y una vez recuerdo como ahora, vio lo que parecía una película me contó ella en esos momentos que veía la sangre en la puerta de las casas y que todo parecía como en tiempos muy antiguos, lo cual yo deduje que Dios le hablaba a ella del Éxodo 12 un tiempo donde Dios le dijo a los Israelitas que se mantuviera en sus casas y pusieron la sangre en el marco de las puertas. Mi hija no tenía recolección de esa historia mucho menos había visto ninguna película de eso, pero Dios se la reveló en una visión mientras orábamos. Porque te cuento esto? para que veas algunas de las cosas que Dios puede revelar a tu vida cuando tomas el tiempo de buscar su presencia en oración. No tiene que ser complicado, así como yo tomé el tiempo con mi hija de apenas 16 años en aquel tiempo sin preparar nada solo estábamos dispuesta a escuchar y a prestar oídos a lo que Dios quería mostrarnos y al mismo tiempo después reflexionamos en lo que habíamos recibido de lo alto y lo escribíamos para tenerlo documentado. Un día Dios mediante juntas escribiremos la travesía de esos 80 días de altas y bajas a los cuales él Señor nos ayudó a vencer todo obstáculo.

Aplicación:

¡VAMOS! Te invito a recorrer los caminos que Dios tiene trazado para tu vida. Hay poder en la palabra de Dios. ¡Hay poder en EL DIOS FUERTE! Desata y rompe las cadenas que puedes estar arrastrando, su sangre preciosa tiene el poder absoluto apégate a ella en el nombre de Jesús.

Oración:

Dios Padre, Dios Hijo y Dios Espíritu Santo te pido en este mismo momento por la sangre de tu amado Hijo Jesús abre mis ojos y oídos espirituales para que pueda verte y escuchar tu voz guiándome por tus senderos llanos, que yo pueda caminar hacia el destino que tú has preparado para mi todo esto te lo pido en el nombre de Jesús Amén.

Notas;

Qué aprendí,

Día Luminoso 3

YAHVE- SAMA

"DIOS OMNIPRESENTE"

¡Jamás podría escaparme de tu Espíritu! ¡Jamás podría huir de tu presencia! Si subo al cielo, allí estás tú; si desciendo a la tumba, allí estás tú. Si cabalgo sobre las alas de la mañana, si habito junto a los océanos más lejanos, aun allí me guiará tu mano y me sostendrá tu fuerza. Podría pedirle a la oscuridad que me ocultara, y a la luz que me rodea, que se convierta en noche; pero ni siquiera en la oscuridad puedo esconderme de ti. Para ti, la noche es tan brillante como el día. La oscuridad y la luz son lo mismo para ti.

Salmos 139:7-12 (NTV)

Día Luminoso 3

¡Pero gracias a Dios, que nos da la victoria por medio de nuestro Señor Jesucristo!

1 Cor 15:57 (NVI)

Reflexión:

Nosotros los seres humanos siempre queremos obtener la victoria, pero sin pasar por las dificultades y los retos que la vida nos tiene preparada. Me gustaría que sepas que sin luchas alguna no obtendrás el crecimiento adecuado, el cual si no consigues no te dejará pasar al nivel espiritual requerido para enfrentar lo que viene por delante. Lo cual indica que sin esos problemas cotidianos no tendremos retos que ganar, los que al igual también nos ayudan a madurar y a estar firmes en toda situación. Por eso es importante que por pequeños o grandes que sean los problemas que estamos pasando siempre es bueno recordar que Cristo murió en la cruz para darnos vida en abundancia. Por consiguiente, debemos de entender que la victoria ya está garantizada. Por lo tanto, no nos olvidemos de dar gracias al Dios Todopoderoso, nuestro Redentor quien ya venció de una vez y para siempre. Nuestras oraciones serán contestadas más rápidamente cuando aprendamos a ser agradecidos en toda circunstancia que se nos presente.

La victoria fue ganada por ti y para ti cuando Jesús venció a la muerte, seamos liberados de la cárcel de la ingratitud y vivamos una vida gratificante. Por lo tanto, debemos de aprender a dar gracias a Dios en todo momento ya sea en lo bueno como en lo malo. Mira lo que nos dice Job 2:10 (DHH) Job respondió: —*¡Mujer, no digas tonterías! Si aceptamos los bienes que Dios nos envía, ¿por qué no vamos a aceptar también los males? Así pues, a pesar de todo, Job no pecó ni siquiera de palabra.*

En este día Luminoso de hoy hablamos del Dios Omnipresente lo que significa que en todo lugar y todo momento de nuestras vidas él está presente y a nuestro alcance y no hay problema que a Dios lo tome desprevenido, Él ya ha visto su final y sabe el resultado qué tal dificultad tendrá, El habita en la eternidad. Leamos nuevamente lo que se nos dice en los versículos anteriores sobre Dios;

"*¿A dónde me iré de tu Espíritu? ¿Y a dónde huiré de tu presencia? Si subiere a los cielos, allí estás tú; y si en el Seol hiciere mi estrado, he aquí, allí tú estás. Si tomare las alas del alba y habitare en el extremo del mar, aun allí me guiará tu mano, y me asirá tu diestra. Si dijere: Ciertamente las tinieblas me encubrirán; aun la noche resplandecerá alrededor de mí*", Salmo 139:7–11

La omnipresencia de Dios nos informa de su grandeza y de su poder infinito. Nos destaca su amor, expresado en Jesucristo, y nos recuerda que nunca podemos escondernos de su majestuosa Presencia, ni mucho menos tratar de hacerlo porque El todo lo ve y lo sabe. Más bien juntemos nuestras gracia como incienso agradable a Él.

Aplicación:

¡VAMOS! Anímate a seguir adelante recordando siempre que el Dios Omnipresente está contigo y que El y tu uno son en Cristo Jesús. Junto a Él, la victoria tuya será ante cualquier reto que puedas estar enfrentando. Recuerda que dice la palabra en: *Rom 8:37 (BLA) Pero en todas estas cosas somos más que vencedores por medio de aquel que nos amó.* Entonces estas palabras nos confirman y nos hacen recordar el versículo principal de este día Luminoso y la importancia de ser agradecidos con papá Dios. Mas gracias sean dadas a Dios, que nos da la victoria por medio de nuestro Señor Jesucristo." 1 de Corintios 15:57 (RVR1960)

Oración:

Espíritu Santo, Dios Omnipresente en este momento te pido que me liberes de toda queja y que pueda yo vivir una vida en gratitud a tu soberanía, sabiendo que tu presencia está conmigo donde quiera que yo vaya. Que yo nunca deje de darle infinitas gracias sin importar los obstáculos presentes. Te lo pido en el nombre poderoso de tu hijo Jesús. ¡Amen!

Notas;

Qué aprendí,

Día Luminoso 4

EL ALFA y LA OMEGA

"Dios no tiene Principio ni Fin"

Y el que está sentado en el trono dijo: He aquí, yo hago nuevas todas las cosas. Y añadió Escribe, porque estas palabras son fieles y verdaderas. También me dijo: Hecho está. Yo soy el Alfa y la Omega, el principio y el fin. Al que tiene sed, yo le daré gratuitamente de la fuente del agua de la vida.

Apoc. 21:5,6 (LBA)

Día Luminoso 4

Manténganse constantes en la oración, siempre alerta y dando gracias a Dios.

Colosenses 4:2 (DHH)

Reflexión:

Muy a menudo la oración es algo que se hace cuando se nos presenta una necesidad o un problema al cual no les encontramos solución alguna. El versículo principal nos insta a hacer todo lo contrario, realmente nos encontramos en un grave error. La oración no es solo para cuando nos encontramos en una necesidad, sino para afirmar nuestro estilo de vida al que debemos apegarnos constantemente. Y sobre todo orando y dándole gracias a nuestro creador quien es dueño del cielo y de la tierra.

Muchos de nosotros no nos percatamos de que al despertar cada día recibimos un regalo en honor a la vida que Dios mismo le place darnos. Miremos lo que nos dice la palabra en el *Salmos 115:1 (Biblia Palabra de Dios para Todos) Señor, nosotros no merecemos recibir ningún honor; todos los honores deben ser para ti. Sólo tú debes recibir la gloria por tu fiel amor y lealtad.* Miremos más allá aún y veamos lo que se nos dice que también debemos de hacer cada mañana. Lee conmigo el versículo siguiente.

1 Crónicas 23:30 (BLA) Y han de estar presentes cada

mañana para dar gracias y alabar al SEÑOR, y asimismo por la noche.

Entonces a través de estas palabras podemos entender que cada mañana es una ganancia, no merecemos nada más que estar vivos. Mas sin embargo Dios en su Misericordia nos regala mucho más que la vida. Él nos da salud aunque tal vez no sea en su totalidad para algunos de nosotros y de nuestra familia y seres queridos. Nos da trabajo y fuerzas para completarlo y muchas otras cosas.

Así que al orar constantemente y al mantenernos alerta como nos dice en el versículo de este Día Luminoso podremos percatarnos de grandes bendiciones las cuales muchas veces no pasan desapercibidas. En Efesios 6:18 (RV1960) dice *Orando en todo tiempo con toda oración y súplica en el Espíritu, y velando en ello con toda perseverancia y súplica por todos los santos.* Este versículo también nos recuerda la importancia tremenda que tiene en ser constantes. Entonces vemos que al mantenernos en la oración, el Señor nos da su Gracia y esta nos garantiza una vida llena de Paz, no necesariamente fuera de dificultades y problemas pero sí nos asegura tener paz interior en todo lo que enfrentemos sea grande o pequeño. Miremos lo que nos dice Jesus en el libro de San Juan 16:33(DHH) *Les digo todo esto para que encuentren paz en su unión conmigo. En el mundo, ustedes habrán de sufrir; pero tengan valor: yo he vencido al mundo.* Nuestra confianza debe estar puesta en quien nos llamó, sabiendo que en medio de las tormentas de la vida Jesús calma las tempestades y nos da fortaleza para seguir firmes en la oración y listos para vencer lo que se presente.

Aplicación:

¡VAMOS! ¡No dejes de orar! ¡Mantente firme! Dios abrirá las puertas de los cielos a tu favor. Dios es nuestro escudo nuestro pronto auxilio, hoy en el día a día donde estamos viviendo momentos de violencia no solo física sino también emocional y espiritual, nadie mejor que Dios y su Espíritu Santo para que nos guíe sin temor alguno, El té puede proteger.

Oración:

Papa Dios te pido que con el gran amor que me tienes me ayudes a que siempre esté dispuesta o dispuesto a orar en todo tiempo y a interceder por los más débiles y necesitados. Dame sabiduría de lo alto para entender la necesidad de tener una relación íntima con tu Espíritu Santo y a la vez entendimiento y conocimiento de una estrecha comunión con el Hijo amado. Pon en mi corazón el deseo de buscarte arduamente en el nombre poderoso de Jesús. ¡Amen!

Notas;

Qué aprendí,

_____
_____
_____
_____
_____
_____
_____
_____
_____
_____
_____
_____
_____
_____
_____
_____
_____
_____
_____
_____
_____

Día Luminoso 5

DIOS SABAOT

"Dios de los Ejércitos"

Cada año Elcana viajaba a la ciudad de Silo para adorar al Señor de los Ejércitos Celestiales y ofrecerle sacrificios en el tabernáculo. Los sacerdotes del Señor en ese tiempo eran los dos hijos de Elí: Ofni y Finees.

I Samuel 1:3 (NTV)

Día Luminoso 5

Pero yo pondré mis ojos en el SEÑOR, esperaré en el Dios de mi salvación; mi Dios me oirá.

Miqueas 7:7 (LBA)

Reflexión:

Gloriosos sea tu Santo nombre Señor, mi alma te alaba. El esperar en el tiempo del Señor no es fácil para muchos de nosotros, pero si es lo adecuado que debemos hacer. Muchos fracasamos por tomar decisiones a las carreras sin primero consultar con nuestro creador, nuestros ojos siempre tienen que estar puestos en Jesucristo y no confiarnos en nuestra propia sabiduría o nuestro propio entendimiento miremos lo que nos dice la palabra al respecto a este tema. *Proverbios 3:5,7 Confía en el SEÑOR con todo tu corazón, y no te apoyes en tu propio entendimiento. Reconócelo en todos tus caminos, y Él enderezará tus sendas. No seas sabio a tus propios ojos, teme al SEÑOR y apártate del mal.* Entonces ya que básicamente podemos entender lo que nos quieren decir estos versículos. No nos confiemos en nuestra propia manera de pensar o en la manera de ver las cosas, porque muchas veces podemos estar totalmente equivocados aún sin saberlo con esto. Es imperativamente necesario tener un parámetro bíblico para saber cuándo prevenirnos de cometer cualquier error que nos puedan en un futuro no muy lejano traer resultados inesperados o una catástrofe por así decirlo. Entonces miremos juntos este versículo que me llega a la mente ahora, el cual nos explica lo siguiente. *Luc 6:47,49 (RV1960) Todo aquel que viene a mí, y oye mis palabras y las hace, os indicaré quién es semejante. Semejante es al hombre que, al edificar una casa, cavó y ahondó y puso el fundamento sobre la roca; y cuando vino una inundación, el río dio con ímpetu contra aquella casa, pero no la pudo mover, porque estaba fundada sobre la roca.* Aquí en esta parábola él Señor nos dice que cuando tú y yo le buscamos, cuando vamos a Él y escuchamos sus palabras y las ponemos en práctica entonces si estaremos tomando decisiones con un buen fundamento. Entonces Él nos sostendrá sobre un firmamento sólido el cual garantiza que cuando vengan los fuertes vientos o sean los problemas de la vida podremos pararnos sobre la roca y no caer al fondo de un pozo de sufrimientos. Reiteró nuevamente como nos dice el versículo principal de este día Luminoso debemos aprender a esperar en el Señor, para así saber qué camino o decisión tomar y llegarán momentos donde hacer totalmente nada será lo correcto, solo hay que escuchar esa pequeña voz que nos habla.

Esto me recuerda algo que me pasó hace muchos años cuando apenas empecé a caminar en los caminos del Señor, Yo tenía muchas preguntas y quería cada día saber y conocer más y más de nuestro Señor y de cómo él nos hablaba. Bueno el Señor siempre me ha dado sueños y visiones desde que era una chica, pero en aquel entonces yo no entendía, aunque para ser más honesta todavía hay cosas que Dios me dice o me muestra y no las entiendo. Pero vuelvo al punto, yo debía tomar una decisión de dejar todo atrás y empezar de nuevo con mis 2 hijos pequeños Jeremy y Ashley y uno en camino quien hoy es John de 10 años. Yo quería saber qué decisión tomar, pero esta vez no quería ser yo quien tuviera la última palabra como estaba acostumbrada a vivir mi vida. Todo era a mi manera o de ninguna otra manera, creo que muchos hoy no saben esta parte oscura de mi vida anterior. Bueno recuerdo pedirle a Dios enséñame algo no sé que debo hacer si irme o quedarme, claro por pena, eso no se lo podía preguntar a nadie conocido porque muchas veces es una vergüenza mudarse de un estrato a otro y tener que al poco tiempo regresar. Pues con eso vienen muchas preguntas y algunos te ven como que fracasaste y encima de eso vengo embarazada y con 2 niños. Bueno para acortar el cuento al otro día de pedirle a Dios dirección en que debía hacer con aquel asunto. Me sueño que estoy preparando mis maletas para dar un viaje, claro que algunos dirían, pero eso no es indicación de me te vallas, hermanos en Cristo Jesús yo sentí en lo más profundo de mi corazón que el plan de Dios era que yo regresara a mi bello Massachusetts donde fui criada. Les cuento esto porque Dios nos va a guiar a tomar devociones como si fueran de vida o muerte y es sumamente importante buscarle, entenderle y sobre todo escucharle y seguir su dirección.

Por esto mismo es que debemos de confiar en que si le pedimos ayuda, tendremos la total confianza de que Él está pendiente a nuestros pedidos, mira los que nos dice en *1 Jn 5:14* (LBLA) *Y esta es la confianza que tenemos delante de Él, que, si pedimos cualquier cosa conforme a su voluntad, Él nos oye.* Ya que sabemos que él nos escucha porque su palabra nos lo reitera y es la verdad absoluta, también sabemos que El Dios que hizo los cielos y la tierra está al pendiente de todas nuestras oraciones y desea mostrarnos el camino correcto a seguir. El atiende a los deseos de nuestro corazones, búscale sinceramente y le encontrarás más cerca de lo que lo imaginas.

Aplicación:

Dios nos llama hoy en este día Luminoso a unirnos a Él en cualquier pelea mental en la que te puedas encontrar. El quiere guiarte a tomar decisiones que te van a llevar a tener éxito en todo lo que emprendas, toma el tiempo adecuado para buscar su dirección en todas tus decisiones. No está solo ¡VAMOS! Levanta tus ojos porque nunca duerme el que te cuida, como nos dice el Rey David en el *Salmos 121:1,4 Al contemplar las montañas me pregunto: «¿De dónde vendrá mi ayuda?» Mi ayuda vendrá del Señor, creador del cielo y de la tierra. ¡Nunca permitirá que resbales! ¡Nunca se dormirá el que te cuida! No, él nunca duerme; nunca duerme el que cuida de Israel.* ¡Pero con Dios Sabaot – El Dios de los Ejércitos con nosotros sabemos que, al emprender nuevos caminos, ¡venceremos!

Oración:

Yo declaro que El Señor de los Ejércitos Celestiales está conmigo y con toda mis generaciones; el Dios de Israel es mi fortaleza. Su Sangre preciosa protege todos mis pasos, Recordaré que no estoy solo Dios está conmigo a donde quiera que yo vaya, él no me desampara el me guía con su diestra victoriosa. Te pido Señor que yo nunca quite mis ojos de tu benevolencia sabiendo que tú eres el Dios de mi salvación. Todo esto lo pido en el nombre poderoso de Jesús. ¡Amén!

Notas;

Qué aprendí,

Día Luminoso 6

SHALOM

"El Señor es nuestra Paz"

Entonces Gedeón construyó allí un altar en honor del Señor, y lo llamó «El Señor es la paz». Este altar todavía está en Ofrá, ciudad del clan de Abiezer.

Jueces 6:24 (DHH)

Día Luminoso 6

Cristo es nuestra paz. Él hizo de judíos y de no judíos un solo pueblo, destruyó el muro que los separaba y anuló en su propio cuerpo la enemistad que existía.

Efesios 2:14 (DHH)

Reflexión:

El Dios de Paz se presentó a Gedeón para revelarse como una prueba de amor por nosotros y así reconciliándonos con el Padre, debemos disfrutar de la paz que Jesús nos a brindado. Él es la única forma existente que puede garantizarnos esa paz que tanto anhelamos y necesitamos para poder liderar con los atajos que cada día se nos presentan. Pero mira cuánto desea nuestro señor llenarnos de su paz. Miremos justos los que él mismo nos dice. *"La paz os dejo, mi paz os doy; yo no os la doy como el mundo la da. No se turbe vuestro corazón ni tenga miedo" Juan 14:26–27 (RV1960)* A veces Satanás nos presentará desafíos, esto nos sucede a todos los seguidores de Jesucristo. Su defensa y la mía contra esos ataques es mantener al Espíritu Santo como nuestro mejor amigo. El Espíritu le infundirá paz a su alma; Él las impulsará a avanzar y Él mismo le devolverá algunos recuerdos de los momentos en que sintieron la luz y el amor de nuestro padre. Él ha metido sus manos para darnos fortaleza en los momentos más difíciles. Esos recuerdos nos llegan para afirmarnos en las pruebas.

Quisiera traer algo extremadamente importante de nuestros versículo Luminoso de hoy a la luz en Efesios 2:14 Vamos a leerlo nuevamente. *Cristo es nuestra paz, Él hizo de judíos y de no judíos un solo pueblo, destruyó el muro que los separaba y anuló en su propio cuerpo la enemistad que existía.* Y quisiera hacer hincapié en algunos puntos. Primero se dice que Dios hizo de judíos y de no judíos un solo pueblo. Una de las razones que los Cristianos y algunos que no lo son pierden su paz y su comunión con Dios y es porque se le olvida que a los ojos de nuestro creador todos somos iguales, Dios nos ama sin importar religión. Quiero que sepas y por favor escúchame no me cierra tus oídos todavía, Dios no hace distinción de persona él no dice tú por ser ateo, Pentecostales, Bautistas, Catolicos o Evangélicos por mencionar algunas ramas del cristianismo te salvarás. No! él nos dice que seremos un solo pueblo. No sé porque es difícil dejar de pensar que porque estamos en cierta denominaciónes religiosas solo nosotros seremos salvos, no Dios regresará a buscar su iglesia no varias solo una y sin manchas. . Grave error que tenemos en pesar eso, otro punto de importancia del versículo es este. Él nos dice: Yo destruí el muro que los separaba, anulé la enemistad que existía. Quiero que también sepas que esta es otra de las razones por la que perdemos La Paz que viene de nuestros Señor Jesucristo.

Entonces para poder disfrutar de una paz plena y no andar cargados de sentimientos encontrados referente a nuestras vidas. Dejemos atrás nuestra enemistades con la creación de Dios. ¿Sabias tú que cuando te levantas a murmurar a tu prójimo te alejas de la presencia de Dios? De sus paz, de esa que nos habla en su palabras lo siguiente. *Fil 4:7(LBA) Y la paz de Dios, que sobrepasa todo entendimiento, guardará vuestros corazones y vuestras mentes en Cristo Jesús.* Podemos entender que cuando andamos en el camino correcto y con nuestros corazones unidos con Dios, disfrutaremos de toda esta paz en Cristo Jesus. El Señor no nos garantiza un camino libre de cargas ni de dificultades, pero si de paz. Miremos juntos lo que se nos dice en. *Jn 16:33 (NBL) "Estas cosas les he hablado para que en Mí tengan paz. En el mundo tienen tribulación; pero confíen, Yo he vencido al mundo."* Mediante estos principios, su paz será garantizada en nuestras vidas, pero solo cuando decidimos seguir sus caminos y cumplir sus estatutos.

Aplicación:

¿Estás pasando por una experiencia desalentadora que pone a prueba tu fe? Te animo a que refresques tu alma, mediante la lectura diaria de la palabra donde aprenderás más acerca de nuestro Dios. Para encontrar el sendero y el consuelo sanador que sólo Él puede brindarte con su paz. Especialmente en estos momentos actuales en los que estamos viviendo en el mundo entero con esta pandemia. Talvez tu cuando esté leyendo este libro en un futuro no muy lejano, esto solo será una historia oscura con el nombre de virus COVID 19. Pero si de algo estamos seguros y sabemos que todo pasará menos la palabra de Dios. ¡VAMOS! Confía en El Dios SHALOM. Dios de Paz, El no hace acepción de personas Él vive para fortalecerte y para que llegues al destino final de la vida eterna.

Oración:

Padre te pido que ahora mismo me abraces con tu Paz y me lleves a tu lugar Santisimo. Donde yo podré sumergirme en tu Santa presencia para encontrarme con tu gran misericordia.

SHALOM

Jesús que yo no viva en enemistad con nadie, que pueda tratar a todos con el mismo amor que tú me muestras cada día te lo pido en el nombre poderoso de Jesús. ¡Amen!

Notas;

Qué aprendí,

Día Luminoso 7

ELOHE JASEDI

"El Dios de Misericordia"

"Dios de misericordia" Así que acerquémonos confiadamente al trono de la gracia para recibir misericordia y hallar la gracia que nos ayude en el momento que más la necesitemos.

Hebreos 4:16 (NVI)

Día Luminoso 7

Den gracias al Señor, porque él es bueno, porque su amor es eterno.

1 de Crónicas 16:34 (DHH)

Reflexión:

Señor y Dios mío, Santo Israel, como no alabarte y darte mil veces gracias. ¡Por siempre bendeciré tu nombre! Hoy en este Día Luminoso quiero cantar tus Salmos y así recordaré tu alianza la que hiciste con tu pueblo en tiempos antiguos, del que yo formo parte. Así deberían de empezar nuestras oraciones hacia el Señor cada día, no te digo que lo repitas exactamente como yo, pero si que salgan alabanzas y gracias de tu corazón para con tu creador cada día. Quien es conocido como un Dios de misericordia y poder. Muchas veces resulta difícil comprender a Dios, pero no estamos llamados para entenderle si no para obedecer sus órdenes y cumplir sus mandamientos los cuales nos ayudarán a vivir en plenitud.

Muchos de nosotros hemos desarrollado una naturaleza crítica y llena de prejuicio, la cual nos impide conocer a un padre amoroso quien entregó a su hijo en la Cruz por nuestras faltas. Leamos lo que se nos dice sobre este amor sin prejuicio alguno. *Jn 3:16 (NVI) Porque tanto amó Dios al mundo, que dio a su Hijo unigénito, para que todo el que cree en él no se pierda, sino que tenga vida eterna.* Por lo tanto, Dios hijo merece toda la gloria y toda la honra tanto en el cielo como en la tierra. Que no se quite de nuestras bocas su alabanza. Vamos un poco más allá para poder entender la importancia y la necesidad de reconocer quién es Dios, se nos dice en *Lc 19:37,40 (NBI) Al acercarse él a la bajada del monte de los Olivos, todos los discípulos se entusiasmaron y comenzaron a alabar a Dios por tantos milagros que habían visto. Gritaban: —¡Bendito el Rey que viene en el nombre del Señor! —¡Paz en el cielo y gloria en las alturas! Algunos de los fariseos que estaban entre la gente le reclamaron a Jesús: —¡Maestro, reprende a tus discípulos! Pero él respondió: —Les aseguro que, si ellos se callan, gritarán las piedras.* ¡Quién es Él entonces, Él es el Rey de Reyes! Aquí se nos da una clave la cual nos concierne a nosotros, que si tú y yo no le alabamos entonces las piedras si lo harán. Hermanos en Cristo Jesús quiero informales que Dios no necesita de tus alabanza ni de tu gratitud, él tiene legiones de ángeles alabando a cada momento, pero por eso no quiere decir que no debemos de hacerlo nosotros también. Al contrario, como dije antes que no se aparten de nosotros las alabanzas y el dar gracias a nuestro padre celestial que la gratitud forme parte de quiénes somos.

Caminemos juntos hacia un punto que me gustaría resaltar, su misericordia y su propia gracia, proveyó una manera para que nuestros pecados fueran perdonados, mediante nuestra aceptación de Jesucristo—aunque no lo merezcamos. Miremos lo que se nos dice en este versículo siguiente. Romanos 3:23-24 dice: "*...todos pecaron y fueron destituidos de la gloria de Dios, siendo justificados gratuitamente por su gracia, mediante la redención que es en Cristo Jesús.*"

Por consiguiente, deseo explicarte un poco sobre esto, tú y yo estábamos perdidos, muertos en el pecado, bueno si tú nunca lo estuviste honestamente reconozco que yo si. Pero por esta gracias gratuita y por su misericordia fui salvada y como lo mencioné antes en otro de los días Luminosos. Soy un trabajo en proceso, Dios no ha terminado con mi persona. Entonces hermanos con más razón aún debemos convertirnos en portadores de alabanzas, glorificando su santo nombre por el simple hecho de que él mismo nos ha justificado. No se tú, pero yo estoy y estaré eternamente agradecida por esa justificación y redención gratuita de mi Señor hacia mí. Nunca me cansaré de darle las gracias.

Aplicación:

¡Vamos! Todos unánime en una sola voz a dar un grito de alabanza y gracias al Eterno y redentor nuestro. Apliquemos lo que se nos indica hacer en *Miqueas 6:8 ¡Ya se te ha declarado lo que es bueno! Ya se te ha dicho lo que de ti espera el Señor: Practicar la justicia, amar la misericordia, y humillarte ante tu Dios.* Estas palabras están dirigidas a toda la humanidad y tú y yo somos parte de ella, anímate y abre tu boca y dale gracias porque su amor es para siempre y su misericordia es eterna.

Oración:

Espíritu Santo te doy gracias por guiarme, te pido me enseñes a tener un corazón agradecido en toda situación. Que yo pueda poner en práctica tu misericordia con los que me rodean hoy y todos los días de mi vida. Abre mis ojos espirituales para que yo pueda ver a mi prójimo con el amor que tú les tienes y que yo pueda darte gracia por ellos especialmente por aquellos que me han herido para que pueda perdonarnos y olvidar sus ofensas. Quiero tomar la iniciativa de mostrar tu misericordia en ellos te lo pido en el Santo nombre de tu hijo Jesús. ¡Amen!

Notas;

Qué aprendí,

Día Luminoso 8

EL SHADDAI

"Dios Poderoso"

Pero su arco permaneció tenso, y sus brazos fueron fortalecidos por las manos del Poderoso de Jacob, por el Pastor, la Roca de Israel. Que el Dios de tu padre te ayude; que el Todopoderoso te bendiga con bendiciones de los cielos de arriba, y con bendiciones de las aguas profundas de abajo, y con bendiciones de los pechos y del vientre. Que mis bendiciones paternas sobre ti superen las bendiciones de mis antepasados, y alcancen las alturas de los montes eternos. Que estas bendiciones descansen sobre la cabeza de José, quien es príncipe entre sus hermanos.

Génesis 49:24,26 (NTV)

Día Luminoso 8

Si alguno ve que su hermano está cometiendo un pecado que no lleva a la muerte, debe orar, y Dios dará vida al hermano, si se trata de un pecado que no lleva a la muerte. Hay un pecado que lleva a la muerte, y por ese pecado no digo que se deba orar.

1 Juan 5:16 (DHH)

Reflexión:

Hay algo extremadamente importante que recordar a diario y eso es de donde Dios nos ha sacado a nosotros que hoy le reconocemos. Muy a menudo este milagro tan grande que Dios a hecho en nuestras vidas se nos olvida y cuando vemos a otro tomando decisiones incorrectas o tal vez tenga algún vicio, quizá sea un asesino o una persona en la calle maloliente que no tiene casa, sus ropas están sucias y están pidiendo limosna en las esquina. Al ver esto tipos de persona a algunos de nosotros nos repugna y hasta les criticamos y en vez de ayudarle nos hacemos de la vista gorda por decirlo así. ¿Qué pasa con este cuadro entre nosotros los creyentes? Ahí es donde digo que se nos olvida del fango de donde Dios nos ha sacado y de la inmundicia de las que él nos ha liberado. Quiero hacer un hincapié en el versículo principal de este día Luminoso, y es que nuestro trabajo no es apuntar el dedo ni ser su juez, pues solo uno tiene el derecho y la autoridad de hacer tal cosa. Miremos juntos lo que se nos dice de esto en los dos versículos siguientes. ¿Quién eres tú para juzgar al siervo de otro? Que *se mantenga en pie, o que caiga, es asunto de su propio señor. Y se mantendrá en pie, porque el Señor tiene poder para sostenerlo.* Romanos 14:4 (NVI) Claramente podemos ver que este es asunto de su Señor como lo especifica el versículo y ese mismo Señor tal como lo hizo con nosotros también puede hacerlo con y por ellos. También prestemos atención al siguiente; *Por tanto, no tienes excusa tú, quienquiera que seas, cuando juzgas a los demás, pues al juzgar a otros te condenas a ti mismo, ya que practicas las mismas cosas.* Romanos 2:1 (NVI) Claramente entendemos por estos dos versículos que no somos nadie para juzgarlos o tratarlos al menos pues podría voltearse la moneda y ser nosotros en su posición o peor circunstancia aún.

El prejuicio es un tema muy delicado a los que muchos ni siquiera le dan mente y les habló de entre nosotros mismo los que nos decimos llamar cristianos. Personalmente he visto circunstancias donde en vez de ayudar a alguien les ponen el pies para que se hundan más. No me malinterpreten no estoy juzgando si no hablando de una realidad que cada día toma más fuerzas, especialmente en estos tiempos que estamos viviendo hoy en día.

Yo solo me imagino lo cómodo que está el enemigo haciendo de las de él con sus contrincantes, muy poco preocupado por algunos de nosotros los creyentes por el simple hecho de que él puede ver que no necesitamos mucha ayuda para destruirnos los unos con los otros. El simplemente entra y hace de las suyas por que encuentra brechas por donde entrar en nuestras vidas y algunas de esas brechas son el criticar y él no interceder en la oración por aquel que sabemos necesitan un milagro de parte de Dios, tal como lo recibimos nosotros el día que fuimos salvados y reconocimos que Jesús es el Señor. Pon atención a lo que se nos dice en la palabra en el libro de los Efesios en su capítulo 4:27,29 (NVI) *ni den cabida al diablo. El que robaba, que no robe más, sino que trabaje honradamente con las manos para tener qué compartir con los necesitados. Eviten toda conversación obscena. Por el contrario, que sus palabras contribuyan a la necesaria edificación y sean de bendición para quienes escuchan.* Puedes ver, estamos llamados a ayudar, a compartir con los necesitados, a edificar y ser de bendición para todos aquellos que nos rodean y nos escuchan hoy. También estamos llamados como les comenté antes y nos lo indica el versículo principal del día y es a interceder en la oración por los demás para que ellos se aparten del mal camino. Aunque según el mismo versículo en 1 Jn 5;16 puede llegar un momento donde nuestra intersección tal vez no cuente, cuando la persona por quien oramos esté en pecado de muerte. Vamos a ver cuál podría ser ese caso. Se nos dice en dado caso en; *Heb 10:26,27 (RVR1960) Porque si pecaremos voluntariamente después de haber recibido el conocimiento de la verdad, ya no queda más sacrificio por los pecados, sino una horrenda expectación de juicio, y de hervor de fuego que ha de devorar a los adversarios.* Ya esto sería un caso muy extremo donde solo le queda a la persona el fuego devorador. Recalcó cómo se nos menciona en el versículo principal de este día Luminoso en 1 Jn 5:16 Dios les dará vida si nosotros intercedemos, entonces dejaremos que sea Él Señor quien juzgue cada circunstancia y él dará de acuerdo lo que merezca cada uno.

¡El Dios Todopoderoso quiere ser nuestro Padre a través de Jesucristo nuestro Señor! El Señor reveló a Abraham como *"El Shaddai"* en Génesis 17: 1. "El" significa Dios. El significado literal de "Shaddai" no es muy claro. Desde muy temprano, la gente asumió que significa "todopoderoso", y esa es la mejor manera de entenderlo. Por lo tanto, en la mayoría de las traducciones de la Biblia, "El Shaddai" se traduce como "Dios Todopoderoso". Lo más hermoso es que al mismo tiempo podemos ver y entender el profundo amor de Dios por los pecadores. Sí, Jesús es todopoderoso. Pero se permitió ser clavado en una cruz, para que recibiéramos el perdón de los pecados. Su amor es más profundo que cualquier amor humano por consiguiente él nos juzga con gran misericordia, por esto de Él recibimos vida eterna de Sus manos todopoderosas y amorosas.

Aplicación:

¡Vamos! Creamos que Él Dios poderoso *(El Shaddai)* Puede cambiar nuestra situación y la de los que estamos intercediendo en la oración. Se nos dice en el *Salmos 103:3,7 "Él es quien perdona tus iniquidades, el que sana todas tus enfermedades; el que rescata de la fosa tu vida, el que te corona de bondad y compasión, el que colma de bienes tus años, para que tu juventud se renueve como el águila. El Señor hace justicia y juicios a favor de los oprimidos."* ¡Que en estos varios versículos nos queden de recordatorio todo lo que el Señor hace por cada uno de nosotros no solo por ti y por mi si no para todos los oprimidos, él puede tornar nuestras vidas a algo mejor y renovar a cada uno de nosotros como al águila!

Oración:

Dios poderoso lleno de justicia, no hay Dios como tú, como no alabar tu santo nombre. Se nos dice en el *Salmos 104:31*

¡La gloria del Señor es eterna! ¡El Señor se alegra en su creación! Señor mío y Dios mío te pido hoy que yo pueda tratar a todos los que me rodean tal como tú lo haces. Dame la gracia suficiente para no juzgar las obras de tus manos. Renueva mi mente para que yo pueda ver a través de tus ojos y alinea mis pensamientos con los tuyos que están muy por encima de los míos, te pido dame la sabiduría para ser de bendición para otros. Que así sea en el nombre poderoso de Jesús. ¡Amén!

Notas;

Qué aprendí,

Día Luminoso 9

EL GUEMULAW

"El Dios de Retribuciones"

Vinieron a destruir Babilonia; ya capturaron a sus guerreros y les hicieron pedazos sus arcos. Porque el Señor es un Dios que a cada cual le da lo que merece.

Jeremías 51:56 (DHH)

Día Luminoso 9

El diezmo entero de la tierra es, tanto de las semillas de la tierra como de los frutos de los árboles, es de Yahveh; es cosa sagrada de Yahveh.

Levítico 27:30 (LBJ)

Reflexión:

El tema del diezmo es uno del que muchos prefieren ni siquiera tocarlo, tanto en nosotros los cristianos – católicos al igual que los ateos. Es un tema de gran polémica, unos están de acuerdo que es necesario y otros en su ignorancia de la palabra o en sus excusas personales se basan en el mal uso de la Iglesia. ¿Pero quiénes somos para juzgarlo? Veamos a continuación que nos dice la palabra de Dios acerca de esto: *Malaquías 3:8-10 (DHH): Y yo pregunto: ¿Acaso un hombre puede defraudar a Dios? ¡Pues ustedes me han defraudado! Y todavía preguntan: "¿En qué te hemos defraudado?" ¡En los diezmos y en las ofrendas me han defraudado! Sí, toda la nación, todos ustedes, me están defraudando, y por eso voy a maldecirlos. Yo, el Señor todopoderoso, les digo: Traigan su diezmo al tesoro del templo, y así habrá alimentos en mi casa. Pónganme a prueba en eso, a ver si no les abro las ventanas del cielo para vaciar sobre ustedes la más rica bendición.*

Personalmente he escuchado a algunos por ahí que ponen excusas en que la iglesia es rica y otros en que no ganan suficiente créeme no estoy criticando es solo poniendo ejemplos de algo real, pues cada uno sabe lo que debe de hacer, yo me dejo llevar por lo que dice la palabra. Algunos otros usan el versículo de la viuda. Pues bien vamos a ver qué es lo que realmente dice en ese versículo del Nuevo Testamento. *Lucas 21:1,4 (TLA) Jesús estaba en el templo, y vio cómo algunos ricos ponían dinero en las cajas de las ofrendas. También vio a una viuda que echó dos monedítas de muy poco valor. Entonces Jesús dijo a sus discípulos: —Les aseguro que esta viuda pobre dio más que todos los ricos. Porque todos ellos dieron lo que les sobraba; pero ella, que es tan pobre, dio todo lo que tenía para vivir.*

En estos versículos debemos notar varias cosas primero los ricos daban de lo que le sobraba y segundo que la viuda pobre dio todo lo que tenía. ¿Ahora yo te pregunto tú piensas que si esa viuda hubiese tenido más dinero lo hubiera dado? Espero que tu respuesta haya sido que sí, porque ella doy todo dice la palabra, escucha bien, todo lo que ella tenía para sobrevivir ella lo dio. Su ofrenda fue de corazón ella no escatimó si le iba a quedar para comer o no, ella a pesar de todo fue agradecida con quien la sustenta sin oro ni plata. Entonces yo te insto a que si tú deseas los tesoros de los cielos hechos realidad aquí en la tierra para tu vida. Pon a Dios a prueba con tus finanzas como nos dice ese último versículo de este Dia Luminoso, no me creas a mi yo solo soy una testigo fiel de esta verdad, pues nada soy. Creele al Rey de Reyes quien abrirá las ventanas de los cielos a tu favor.

Dios me regaló este versículo hace más de 10 años y yo he podido ver la grandeza de mi Dios. *Lucas 16:10 (NBL) El que es fiel en lo muy poco, es fiel también en lo mucho; y el que es injusto en lo muy poco, también es injusto en lo mucho.* Puedo hablar de esto hoy como un testimonio porque hace muchos, muchos años donde mes tras mes e puedido compartir la bendición que tengo con varias personas y en especial con una institución que se llama (Save the Children) salvar a los niños para mi es de gran satisfacción poder ser puente de bendición. En esta institución mis hijos y yo adoptamos un niño de Haití, el cual nos envían fotos y tarjetas de agradecimiento varias veces al año y podemos ver su progreso el granito que aportamos. Y te cuento que es un placer poder ayudar a quien realmente lo necesita no porque Dios me va a recompensar, no jamás a estado eso en mi corazón. Si no que aprendí que no puedo esperar a algún día sacarme la lotería o tener millones para después ayudar, porque primero que todo yo no juego. Si no qué a través de este versículo en San Lucas aprendí que en lo poco debo y puedo ser fiel. El compartir nos llena de alegría y nos da un algo por que seguir adelante no solo por compromiso, sino por amor a los que Dios ha creado con tanto amor de su parte y no son tan privilegiados como tú y como yo. Leamos este versículo juntos deseo que quede plasmado en tu corazón. *Génesis 28:22 (DHH) Esta piedra que he puesto como pilar, será casa de Dios; y siempre te daré, oh, Dios, la décima parte de todo lo que tú me des.»* Comparte tú también.

Aplicación:

¡Vamos! Obedezcamos su palabra y sus ordenanzas y nuestra vida estará en orden y en bendición. Nos dice la palabra en el evangelio de *San Mateos 25 Entonces el Rey dirá a los que tenga a su derecha: "Vengan, benditos de mi Padre, y reciban en herencia el Reino que les fue preparado desde el comienzo del mundo, porque tuve hambre, y ustedes me dieron de comer; tuve sed, y me dieron de beber; era forastero, y me alojaron; estaba desnudo, y me vistieron; enfermo, y me visitaron; preso, y me vinieron a ver" Los justos le responderán: "Señor, ¿cuándo te vimos hambriento, y te dimos de comer; sediento, y te dimos de beber? ¿Cuándo te vimos forastero, y te alojamos; desnudo, ¿y te vestimos? ¿Cuándo te vimos enfermo o preso, y fuimos a verte?" Y el Rey les responderá: "Les aseguro que cada vez que lo hicieron con el más pequeño de mis hermanos, lo hicieron conmigo".* Extiende tus manos según tus posibilidades, no esperes más.

Oración:

Señor amado dame un corazón dadivoso, que con tu gracia yo pueda ver la necesitado de mi prójimo y acuda a él. Que cada vez que me toque diezmar pueda yo hacerlo de corazón y con amor sin malos pensamientos ni excusas. Que yo pueda compartir contigo y los tuyos todo lo que tú me has dado para que le sea de bendición, abre mis oídos espirituales para que yo pueda escuchar tu voz cuando tú me mandas a darle a los tuyos. Amado Jesús enséñame a ser desprendido(a) que no quiera yo tomar para mi lo que te corresponde solo a ti. Te lo pido en el nombre poderoso de Jesús. ¡Amén!

Notas;

Qué aprendí,

Día Luminoso 10

ELOHIM

"Dios, el Creador poderoso"

En el comienzo de todo, Dios creó el cielo y la tierra. La tierra no tenía entonces ninguna forma; todo era un mar profundo cubierto de oscuridad, y el espíritu de Dios se movía sobre el agua.

Entonces Dios dijo: «¡Que haya luz!», Y hubo luz. Al ver Dios que la luz era buena, la separó de la oscuridad.

Génesis 1:1,4 (DHH)

Día Luminoso 10

Todo tiene su tiempo, y todo lo que se quiere debajo del cielo tiene su hora. Tiempo de nacer, y tiempo de morir; tiempo de plantar, y tiempo de arrancar lo plantado; tiempo de matar, y tiempo de curar; tiempo de destruir, y tiempo de edificar; tiempo de llorar, y tiempo de reír; tiempo de endechar, y tiempo de bailar; tiempo de esparcir piedras, y tiempo de juntar piedras; tiempo de abrazar, y tiempo de abstenerse de abrazar; tiempo de buscar, y tiempo de perder; tiempo de guardar, y tiempo de desechar; tiempo de romper, y tiempo de coser; tiempo de callar, y tiempo de hablar; tiempo de amar, y tiempo de aborrecer; tiempo de guerra, y tiempo de paz. ¿Qué provecho tiene el que trabaja, de aquello en que se afana?

Eclesiastés 3:1-9 (RVR1960)

Reflexión:

Mi mayor deseo es que tomes estos Versículos hoy para meditar en ellos, te insto que tomes doble porción, tal vez al despertar con un café o lo que desees, puede ser en ayunas, solo déjate guiar y al acostarte haz algo similar tal vez con un tea, por favor no lo compliques, deja que Espíritu de ELOHIM fluya en ti. Busca un lugar tranquilo donde nada ni nadie pueda distraer lo que el Espíritu Santo anhela mostrarte. El quiere iluminar tu alma a través de estos versículos y enseñarte que para todo bajo el sol hay un momento preciso. Creo en mi corazón y me uno a ti en este instante como nos afirma la palabra en *Mateo 18:20 (LBLA) Porque donde están dos o tres reunidos en mi nombre, allí estoy yo en medio de ellos.* Vamos El Espíritu Santo, tú y yo somos tres, unamos nuestras fe espiritualmente, entrelacemos nuestras fuerzas por qué la palabra es clara y nos dice que; *A uno que prevalece contra otro, dos lo resisten, pues cordón de tres dobleces no se rompe pronto.* Eclesiastés *4:12 (RVR 1995)* Con nuestras fuerzas unidas no podrán vencernos fácilmente. Tengo la fe y creo que hoy a través de esta lectura podrás encontrar sanidad ya sea física, emocional y sobre todo espiritual. Posiciónate humildemente ante la presencia del Señor, Dios puede direccionar tu vida y cambiar el rumbo de tus pasos para que encuentres paz en medio de estos tiempos tan difíciles los cuales estamos pasando todos alrededor del mundo. Hay un tiempo oportuno, perfecto para que recibas tu milagro, ¡cree que ese día puede ser hoy! creele a Dios, Él puede dar el veredicto a favor de tu situación y dictar una sentencia agradable y gratificante con la cual puedas darle la gloria a Él. La victoria puede girar a tu entorno, declaramos hoy que En el nombre poderoso de Cristo Jesús tú eres libre de toda atadura.

Es interesante que al principio del versículo principal de este día Luminoso se nos dice que *hay un tiempo de nacer y un tiempo de morir. Ec 3:2* Aun así nosotros los seres humanos nos aferramos a la vida en este mundo, y se nos olvida que este cuerpo que tenemos es solo una vestidura temporal es como un cascarón de una tortuga que solo le sirve mientras vive, el problema peor es que aún no nos preocupamos de lo que realmente es importante y eso es nuestro espíritu o sea nuestra vida espiritual dentro del cuerpo. Mira que se nos dice sobre esto en la palabra. *Romanos 8:6 (LBLA) Porque la mente puesta en la carne es muerte, pero la mente puesta en el Espíritu es vida y paz;* Cuando nos alineamos a lo que es verdaderamente esencial entonces empezamos a vivir una vida con propósito llena de luz la cual nos da la claridad de entender mejor cada etapa de nuestras existencias. Es inminente y de gran importancia reconocer en los tiempos que estamos viviendo hoy, no para llenarnos de temor o caminar llenos de angustias y miedos si no todo lo contrario para prevalecer y poder vivir alineados al propósito divino para el que hemos sido creados. Así se nos afirma en El libro de Jeremías en su capítulo 1 versículo 5 (NBV) *Yo había determinado tu futuro desde que te estabas formando en el vientre de tu madre; antes que nacieras te escogí y te consagré como vocero mío ante el mundo.* Ya sea con mascarilla en la boca o con un virus extremadamente peligroso rondando en los aires por todo el planeta tierra, el Señor nos dice yo te he llamado para ser luz en medios de la tinieblas para que lleves buenas nuevas a aquellos que no conocen al padre del cielo al todopoderoso, yo te elegí desde antes que nacieras. Me encanta esta historia, te sugiero que la leas, te contaré sólo un poco de Ester. (Est. 2:5-7, 15). Al morir sus padres, un primo de la muchacha llamado Mardoqueo, que ya era bastante mayor, se compadeció de ella y se la llevó a vivir con él. Ella no tenía ni idea del futuro que le esperaba. Pero por el no de la reina Vestí, le llegó el si, el tiempo perfecto a la reina Ester. En cuanto los servidores del rey Asuero vieron a la bella Ester, decidieron llevársela al palacio real, al otro lado del río (Est. 2:8). Sígueme que tengo un punto importante que relatarte. Cuando llegó el momento preciso de presentarse ante el rey, ella hubiese podido elegir cualquier adorno que deseara para resaltar su belleza. Pero no lo hizo se arregló únicamente con lo que le ofreció Hegai (Est. 2:15). Y logró que el rey se enamorara de ella y la nombrara la nueva reina (Est. 2:17). Ya estoy cerca de mi punto, de los tiempos perfectos de Dios. Mardoqueo le envió a Ester un mensaje urgente: debía interceder ante la presencia del rey Asuero y suplicarle *"por el propio pueblo de ella" (Est. 4:4-8)*. Aquí viene lo que quiero resaltar en estos versículos claves. *(Est. 4:12,14). Cuando Mardoqueo supo lo que había dicho Ester, le respondió a ella: "No pienses que por estar en el palacio real tienes más posibilidades de escapar con vida que los demás judíos. Porque, si en este momento te quedas callada, los judíos recibirán ayuda y liberación de alguna otra parte, pero tú y la familia de tu padre morirán. Además, ¿quién sabe si no te has convertido en reina para ayudar en un momento como este?"*. Estas últimas líneas en forma de pregunta son las que quiero que grabes en tu corazón y las atesores. *(Además, ¿quién sabe si no te has convertido en reina para ayudar en un momento como este?)* Te lo voy a poner en palabras más simples que pueden estar en concordancia con estos tiempos presentes. Quien dice que Dios no te ha elegido a ti para ser luz en momentos como estos en el 2020 y dar testimonio en los años venideros. Yo te resalto, porque de corazón lo creo tú y yo hemos sido llamados a ser la sal del mundo en tiempos como estos. Deja que te lo confirme con este texto. *Mt 5:13,16 (DHH) Ustedes son la sal de este mundo. Pero si la sal deja de estar salada, ¿cómo podrá recobrar su sabor? Ya no sirve para nada, así que se la tira a la calle y la gente la pisotea. Ustedes son la luz de este mundo. Una ciudad en lo alto de un cerro no puede esconderse. Ni se enciende una lámpara para ponerla bajo un cajón; antes bien, se la pone en alto para que alumbre a todos los que están en la casa. Del mismo modo, procuren ustedes que su luz brille delante de la gente, para que, viendo el bien que ustedes hacen, todos alaben a su Padre que está en el cielo.* Así que a llevar vida con alegría y paz a aquellos que están encerrados en las tinieblas con miedo de contaminarse. Tú puedes, hoy es el día que hizo el Señor.

Aplicación:

¡Vamos! Quiero animarte y deseo que procures ser quien fuiste creado (a) para ser, no aceptes copia, porque no hay otro(a) como tú. Si tú has aceptado a Jesús en tu corazón tienes un llamado especial para este tiempo. Y si no te invito a que lo aceptes hoy allí donde estés. Repítelo conmigo. *Romanos 10:9 (RVR1960) que, si confesares con tu boca que Jesús es el Señor, y creyeres en tu corazón que Dios le levantó de los muertos, serás salvo.* Créelo en tu corazón y te recuerdo nuevamente que Dios nos dice en; *Génesis 17:7,8 Yo confirmaré mi pacto contigo y con tus descendientes después de ti, de generación en generación. Este es el pacto eterno: yo siempre seré tu Dios y el Dios de todos tus descendientes. Toma la decisión hoy y acepta el tiempo preciso en el que Dios te ha escogido.*

Oración:

Padre bueno en esta hora te pido, que abras mis ojos y oídos espirituales, en este mismo instante que estoy leyendo estas líneas y muéstrame lo que debo hacer para empezar a vivir el propósito por el que tú me creaste. Espíritu Santo sana esas áreas de mi corazón que están agobiadas por no ver mis oraciones contestadas cuando yo lo e querido, que yo pueda entender que ese momento llegará. Padre celestial sé que tu suplirás mis necesidades de acuerdo con tu misericordia, tu grandeza, y sé que tú me mostraras con tu poder que hay un tiempo para cada cosa bajo el cielo. Amado Dios en ti pongo mi confianza en el nombre poderoso de tu hijo Jesús. ¡Amén!

Notas;

Qué aprendí,

Día Luminoso 11

YAHVÉ HESED

"Dios de Gracia"

Dios decidió de antemano adoptarnos como miembros de su familia al acercarnos a sí mismo por medio de Jesucristo. Eso es precisamente lo que él quería hacer, y le dio gran gusto hacerlo. De manera que alabamos a Dios por la abundante gracia que derramó sobre nosotros, los que pertenecemos a su Hijo amado. Dios es tan rico en gracia y bondad que compró nuestra libertad con la sangre de su Hijo y perdonó nuestros pecados. Él desbordó su bondad sobre nosotros junto con toda la sabiduría y el entendimiento.

Efesios 1:5-8 (NTV)

Día Luminoso 11

Si algo pidiereis en mi nombre, yo lo haré.

Juan 14:14 (RVR1960)

Reflexión:

Si pudiéramos entender la gran revelación qué hay en este versículo de este día Luminoso nunca nos apartaremos lejos de la presencia del Señor. Por consiguiente, muchos de nosotros nos pasamos la vida dando vueltas en el mismo lugar, como lo dirían en inglés dando vuelta al matorral. Suena un poco chistoso, pero les hablo totalmente en serio, no es un chiste. Me llega a la mente este versículo: vamos a verlos juntos. *Mt 21:18,22 (DHH) Por la mañana, cuando volvía a la ciudad, Jesús sintió hambre. Vio una higuera junto al camino y se acercó a ella, pero no encontró más que hojas. Entonces le dijo a la higuera: —¡Nunca más vuelvas a dar fruto! Y al instante la higuera se secó. Al ver lo ocurrido, los discípulos se maravillaron y preguntaron a Jesús: —¿Cómo es que la higuera se secó al instante? Jesús les contestó: —Les aseguro que si tienen fe y no dudan, no solamente podrán hacer esto que le hice a la higuera, sino que aun si a este cerro le dicen: "Quítate de ahí y arrójate al mar", así sucederá. Y todo lo que ustedes, al orar, pida con fe, lo recibirán.* Entonces debemos entender a través de este versículo que si nos pasamos la vida dando vueltas entretenidos en cosas vana y no damos frutos como es debido nuestras vidas y aún peor la vida de nuestros seres queridos si están al igual peligran, estamos acarreándonos nuestro propio mal. Incluso con nuestra inestabilidad y esterilidad en los frutos del reino de Dios corremos el peligro de tener que dar cuentas por aquellos que nos rodean a los cuales les hemos dado mal ejemplo, leamos en; *Mt. 18:6 (NBLA) Pero al que haga pecar a uno de estos pequeñitos que creen en Mí, mejor le sería que le colgaran al cuello una piedra de molino de las que mueve un asno, y que se ahogara en lo profundo del mar.* Cuidado porque estas cosas son las que terminan afectando cualquier resultado fructífero a nuestras oraciones. Ahora quiero enfocarme en el versículo principal y siento en mi corazón hablarte de la Santísima Trinidad para poder tener un mejor entendimiento del poder qué hay en el nombre de Jesús. Vamos a ver qué es lo que dice nuevamente el Versículo: *Si algo pidiereis en mi nombre, yo lo haré. Juan 14:14* ¿Entonces si algo pedimos en el nombre de Jesús él lo hará, esto es lo que nos dice verdad? ¡Si! Las tres divinas personas son formadas por Dios padre, Dios hijo y Dios Espíritu Santo. Una perfecta unión, entonces: El padre nos dice en *(Génesis 1:1)* que Él creó el cielo y la tierra lo cual lo hace *nuestro creador*. Del hijo se nos dice en (Juan 4:42) que Él es Verdaderamente, el *Salvador del mundo*. Y del Espíritu Santo en el mismo libro de (Juan 16:13) se nos revela cómo *El Espíritu de verdad*. Al comprender esta tremenda revelación entonces comprendemos cómo es que llegan hacer una sola persona, un solo Dios. Recuerdan que Jesús nos dijo en *Jn 14:10(Biblia Jubileo 2000)* ¿No crees que yo soy el Padre, y el Padre en mí? Las palabras que yo os hablo, no las hablo de mí mismo; más el Padre que permanece en mí, él hace las obras. Y observemos más allá para completar la Santa Trinidad aquí te presentaré lo que nos dice; *Lucas 4:1(Rv1960) Jesús, lleno del Espíritu Santo, volvió del Jordán, y fue llevado por el Espíritu al desierto.* Aquí espero que estés totalmente convencido de esta deidad, de esta verdad absoluta, esta realidad es la que hace que cuando tú y yo nos postramos ante la presencia del señor sucedan cosas maravillosas.

La importancia de atesorar la grandeza del Señor esa soberanía, nos ayudará en nuestro caminar por este mundo y dejar de dar vueltas alrededor de los matorrales como hablamos al principio. El versículo siguiente nos va a confirmar más a fondo cómo es que todo lo que pidamos en el nombre de Jesús se nos concede. *Dt 7:14(NBL) Y Le fue dado dominio, Gloria y reino (soberanía), Para que todos los pueblos, naciones y lenguas le sirvieran. Su dominio es un dominio eterno Que nunca pasará, Y Su reino uno Que no será destruido.* Aquí se nos relata claramente que cualquier cosa que pidamos a Jesús creyendo en que Él lo reviviremos, porque él tiene el dominio de dárnoslo. Quiero y deseo de todo corazón que en este Día Luminoso puedas recibir en tu corazón toda verdad de Dios para que así puedas perseverar en tu relación personal con Él y en todo lo que emprendas. Su gracia te sea dadas la cual es una virtud por la cual Dios puede dar algo sin nada a cambio, ya que para alcanzar la misma el hombre nada puede hacer por sí mismo. La definición más común de la gracia es una forma de favor inmerecido de parte de Dios para nosotros. Qué bello es El Señor y cuán grande es su poder.

Aplicación:

¡Vamos! Te animo a que, por medio del amor, la gracia y la comunión del Espíritu Santo creas en el que todo lo puede. Se nos dice en el libro de *Mt 28:18 (Rv1960) Y Jesús se acercó y les habló diciendo: Toda potestad me es dada en el cielo y en la tierra.* Lo cual te debe convencer de que nada es imposible para Dios, él quiere contestar cada oración y deseo de tu corazón para que puedas vivir una vida llena sus abundantes Bendiciones.

Oración:

Padre Eterno en este momento te pido, que derrames de tu gracia sobre mi vida y que me ayudes a sentirte muy cerca de mí en donde quiera que vaya. Revélame e ilumina mi mente para que pueda yo comprender cuando hago lo incorrecto ante tus ojos, yo quiero hacer el bien. Jesús enséñame a depender de ti comprendiendo que no hay dificultad, enfermedad o problema financiero en mi vida que tú no puedas resolver. Todo esto te lo pido y me apego a tu palabra donde se me dice en él; *Salmos 2:8 Pídeme, y te daré por herencia las naciones, Y como posesión tuya los confines de la tierra.* ¡Señor quiero entrar en tu lugar secreto sabiendo que en ti todo es un *sí* y un *amén!* Gloria a ti Señor, Gracias de antemano por todo tu favor hacia mí y mis generaciones. ¡Amén!

Notas;

Qué aprendí,

Día Luminosos 12

YAHVE MEKADDESH

"El Señor que santifica"

"Habla, pues, tú a los Israelitas y diles: 'De cierto guardarán Mis días de reposo, porque esto es una señal entre Yo y ustedes por todas sus generaciones, a fin de que sepan que Yo soy el SEÑOR que los santifico.

Éxodo 31:13 (NBL)

Día Luminoso 12

Clama a mí, y yo te responderé, y te enseñaré cosas grandes y ocultas que tú no conoces.

Jeremías 33:3 (Rv1960)

Reflexión:

Me gustaría empezar por decirte que hay Bendiciones ocultas que nosotros podemos acceder sin mucho esfuerzo de nuestra parte. ¿Te gustaría descubrirlas? ¡Si! ¡Yo ya estoy en espera de las mías! El versículo principal de este día Luminoso nos destaca que si clamamos a Dios él nos responderá, pero Él no solo nos dice eso, también nos dice con certeza que él nos va a responder cuando les llamemos y que nos enseñara cosas grandes que desconocemos. Esto no te suena interesante, saber que tenemos un Dios que quiere y anhela revelarnos algunos secretos de nuestras vidas y de lo que nos rodea en este futuro incierto. No sé a ti, pero para mí esto es excelente. Como dicen los americanos ¡Yo le entro! Lo mejor de todo esto es que los favores y la Bendiciones de Dios no hay que comprarla, mira los que se nos dice en el libro de los *Proverbios 10:22 (BLPH) La bendición del Señor enriquece sin que nada le añada el esfuerzo.* Como te mencione al principio Dios espera que tú le busques y te comuniques con Él, para Él contestar a cualquier pregunta o incógnita que puedas tener. Tú y yo no hemos hecho nada para ganarnos este favor, más, sin embargo, Él nos ha favorecido, mira lo que se nos dice de esto en: *Efesios 2:8*

(NBA) Porque por gracia ustedes han sido salvados por medio de la fe, y esto no procede de ustedes, sino que es don de Dios. Es así de simple, su gracia es un don, aunque quisiera aclarar algo para que no me malentiendas, porque Dios no es un Dios de confusión. Hay algo que sí debemos hacer y te cuento ahora con el versículo siguiente: *Dt 30:15-16 (RVC)* Fíjate bien: hoy he puesto delante de ti la vida y el bien, la muerte y el mal. Lo que yo te mando hoy es que ames al Señor tu Dios, que vayas por sus caminos, y que cumplas sus mandamientos, sus estatutos y sus decretos, para que vivas y seas multiplicado, y para que el Señor tu Dios te bendiga en la tierra de la cual vas a tomar posesión. Esto es lo único que Dios requiere, que le ames, que sigas sus caminos, cumplas sus mandamientos, sus estatuto y sus decretos para que así seas multiplicado. Aunque para algunos esto parece mucho yo te aseguro que no lo es, te pondré un ejemplo; cuando eres un niño mamá y papá o el guardián de la casa ponen algunas reglas en el hogar que se te hacen fácil seguir cuando las entiendes mientras vas creciendo. Ahora cuando te vas convirtiendo en un jovencito o una jovencitas surgen otras reglas en la casa que pueden ser que no te gusten, pero tienes que cumplirlas. Y si no las cumples puedes tomar decisiones incorrectas que de auguro que te traerán sin duda alguna problemas serios. Pero en todo esto hay algo interesante que quiero que notes de todo este tiempo por lo general ya han pasado por lo menos 18 años para la mayoría de nosotros. Ahora todavía no puedes entender porque aquellas personas con la que creciste ponían tantas reglas en la casa, pero cuando ya allá pasado unos buenos años y tengas tus propios hijos entenderás que todo aquellos que parecía sin sentido pero que debías obedecer, por fin puedes ver que realmente eran una enseñanza de vida a la cual te servirán en la travesía de ser tú el adulto hoy. Así mismo trabaja nuestro padre del cielo él quiere darnos todo aquello que deseamos,

quiere respondernos cuando clamamos a él y enseñarnos las cosas que nos harán bien para un futuro.

El interés del Señor es que tú le conozcas y tengas una relación íntima con él, no que tengas religión solamente en tu conocimiento no, eso nos es su ideal él quiere que tú le conozca como él es El Dios que te santifica *(Yahvéh Mekaddesh)*. De modo que cuando nos portamos bien en la casa con nuestros padres terrenales o guardianes, ellos por lo general nos regalan dulces y golosinas como un trofeo por lo bien que hicimos, así Dios también quiere darte lo que le pidas y mucho más de lo que te imaginas cuando clamas a él. Su intención no es que tú dures 20 o 30 años esperando recibir ese trabajo que tanto anhelas, ese carro con el que has soñado siempre o que esperes por la casa del sueño americano. ¡No! Eso es una mentira del enemigo, Dios quiere revelarte esas cosas que él ya tiene preparadas las cuales te aseguro Él ya las tiene en sus planes para ti.

Leamos lo siguiente juntos para que puedas convencerte de lo que trato de explicarte: 1 *Cor 2:9 (RVG) Antes, como está escrito: Ojo no ha visto, ni oído ha escuchado, ni han subido en corazón de hombre, las cosas que Dios ha preparado para los que le aman.* ¡Si alguien te enseña lo contrario de este principio por favor cierras tus oídos a esa mentira que se ha propagado en la religiosidad y presentase lo a Dios y pregúntale directamente, vamos! espera su respuesta que el té va a contestar. El Espíritu Santo te llevará y te mostrará la verdad. Te lo voy a confirmar en este versículo: *1 Jn 2:27 (DHH) Pero ustedes tienen el Espíritu Santo con el que Jesucristo los ha consagrado, y no necesitan que nadie les enseñe, porque el Espíritu que él les ha dado los instruye acerca de todas las cosas, y sus enseñanzas son verdad y no mentira. Permanezcan unidos a Cristo, conforme a lo que el Espíritu les ha enseñado.* Esto no quiere decir que no debemos de recibir enseñanzas del ser humano aquí en la tierra, al contrario, claro que sí porque Dios ha dejados a sus maestros y sus estatutos los cuales debemos de seguir siempre y cuando no, nos alejen de la verdad de Cristo, debemos de someternos a la autoridad en esta tierra. Mira lo que se nos dice sobre esto en el versículo siguiente: *Romanos 13:1,2 (RVC) Todos debemos someternos a las autoridades, pues no hay autoridad que no venga de Dios. Las autoridades que hay han sido establecidas por Dios. Por lo tanto, aquel que se opone a la autoridad, en realidad se opone a lo establecido por Dios, y los que se oponen acarrean condenación sobre ellos mismos.* Deducimos entonces que el Espíritu puede confrontarnos con la verdad, por lo tanto, si tú y yo amamos a Dios de todo corazón y cumplimos Con nuestra parte sin complicarnos la existencia. Te aseguro que podemos vivir una vida plena recibiendo todo los secretos ocultos que Él mismo tiene preparado para cada uno de nosotros.

Aplicación:

¡¡Vamos!! Creele a Dios el no miente, Él te lo probara, leamos: *Núm. 23:19 (NBL) Dios no es hombre, para que mienta, Ni hijo de hombre, para que se arrepienta. ¿Lo ha dicho El, y no lo hará? ¿Ha hablado, y no lo cumplirá?* Así que clama a Dios y él te responderá a todas tus necesidades. Deseo y te insto a que tomes, aunque sea un tiempo de 5 minutos al día para que medites y te deleites en las escrituras sagradas para que puedas vivir en plenitud tu propósito divino. Elige la vida y el bien hoy y no lo dejes para mañana, podría ser tarde, pues nadie sabe ni el día ni la hora de su regreso glorioso.

Oración:

Padre Amado, Dios que me santifica te pido hoy me ayudes a confiar en tu palabra. Que pueda yo aferrarme a tus promesas para mi vida, tanto las de sanidad física como las espirituales, sabiendo que lo que tú dices tú lo cumples porque en ti no hay sombra de variación. Yo deseo tener una relación contigo desde hoy y para siempre y tocar el borde de tu manto, no quiero sólo ser parte de esos religiosos que están a tu alrededor y no te conocen realmente por quien tú eres. Padre mora en mi corazón en este instante y hazme una criatura nueva en ti para que pueda yo alabar tu santo nombre junto de tus ángeles. Te lo pido en el nombre de Jesús El Mesías *"Yeshua HaMashiach"* ¡Amén!

Notas;

Qué aprendí,

Día Luminoso 13

JEHOVÁ-SHAMMAH

"El Señor está presente. El Señor es mi compañero"

La muralla medirá en total nueve mil metros de largo, y el nombre de la ciudad será en adelante: 'El Señor está aquí'

Ezequiel 48:35 (DHH)

Día Luminoso 13

Perdona nuestras ofensas como también perdonamos nosotros a los que nos ofenden.

Mateo 6:12 (LNBP)

Reflexión:

¡El perdón! Tema polémico al cual muchos no les gustan ni tocar, ni siquiera hablarlo, es como un secreto apreciado que nos carcome por dentro y preferimos guárdalo en vez de sacarlo a la luz. Al contrario, si llegamos hablar del tal es para maldecir a la persona y para comunicar que haríamos con tal persona si le estuviéramos frente. Incluso personalmente he escuchado a personas decir Dios porque no lo(a) matas o desapareces del mapa lo que es literalmente lo mismo. Y tales personas tú le ves que hasta en sus oraciones se expresan con resentimientos, creo de corazón que esas personas piensan que están correctas, creen que están en sus derechos de pedirles a Dios para que corte esa vida de este mundo. Lo que no saben es que ellos mismos están encadenados, me llega a la mente una canción popular nada cristiana pero que en mis tiempos fuera de la presencia de Dios escuchaba de vez en cuando. Se titula "acá entre nosotros" y tiene una parte en la canción que dice "es que respiro por la herida". Así viven las personas cuando tienen odio en su corazón, cada día viven respirando ese dolor aun cuando la otra persona tal vez ni recuerda lo que pasó y han seguido adelante con sus vidas. Literalmente viven una vida en división no tanto con los demás, pero hasta con ellos mismos porque al vivir infeliz, separa su propio razonamiento de su alma. Vamos a ver que se nos dice del perdón: *De modo que se toleren unos a otros y se perdonen si alguno tiene queja contra otro. Así como el Señor los perdonó, perdonen también ustedes. Col 3:13 (NVI)* Algunos le parece que es imposible perdonar al ofensor por el gran daño que ha recibido y puedo entenderte, pero nos hacemos más daño a nosotros mismo cuando no soltamos la amargura y la ponemos a un lado. Al hablar del perdón se nos dice en el versículo Luminoso de hoy que para ser perdonados nosotros por Dios debemos también de la misma manera perdonar a los demás. Tenemos una revelación en el libro de Mateo en capítulos más adelante sobre este mismo tema, vamos a leer lo que se nos dice: *Mt. 18:21,22 (Rv1960) Entonces se le acercó Pedro y le dijo: Señor, ¿cuántas veces perdonaré a mi hermano que peque contra mí? ¿Hasta siete? Jesús le dijo: No te digo hasta siete, sino aun hasta setenta veces siete.* Nuestros padre en los cielos es claro debemos perdonar una y otra vez para así nosotros mismo recibir el perdón por igual.

Todos cometemos errores, porque somos seres imperfectos, y no estoy justificando a nadie, Dios sabe lo que has sufrido, pero hoy él quiere liberarte para que sea plena(o) en Cristo Jesús. Se nos dice en; *Ef 1:7 (NBL) En Él tenemos redención mediante Su sangre, el perdón de nuestros pecados según las riquezas de Su gracia.* Ósea deseo que entiendas que al perdonar y pedir perdón tenemos la oportunidad de llegar ante Dios con sinceridad en nuestros corazones y recibir su gracia abundantemente. No tienes que caminar el camino del perdón sólo el Espíritu Santo puede y quiere caminar de la mano contigo e ir removiendo todos los escombros que puedan estar estorbando que te conectes con tu creador y recibas esa paz y la sanidad espiritual que tanto anhela tu corazón herido.

Mi mayor deseo en este día Luminoso es que tú recibas todo aquello que Dios mismo deparó desde ante de los tiempos para tu vida y puedas vivir a plenitud todas sus promesa para las que has sido llamado (a) medita en este versículo siguiente atesoralo en tu corazón hasta que Dios mismo renueve tu mente y haga una criatura nueva en ti. El Señor está presente en tu vida nunca lo olvides, quiero terminar y dejar este pequeño versículo muy valioso, en tu mente y tómalo personal: *Lc 7:48 (CST) Entonces le dijo Jesús a ella: —Tus pecados quedan perdonados.*

Aplicación:

¡Vamos! Levántate toma las riendas y perdona para que recibas paz, preséntate ante la presencia del Altísimo. Su presencia no está limitada o circunscripta al tabernáculo o al templo o a la iglesia, sino que es accesible para todos los que lo aman y obedecen sus mandamientos. Su presencia trae liberación y rompe cadenas que nadie más puede romper por tu persona. Anímate no desmaye que Jesús está contigo como poderoso Gigante. Te recuerdo que en; Ez 48:35; Dios le reveló a Ezequiel que el nombre de la nueva Jerusalén será "el Señor está aquí". El Espíritu de Dios mora en nosotros por medio de Jesucristo (1 Corintios 3:16). Lo que significa que él no te abandonará en ningún momento de tu vida. ¡Confía y suelta!

Oración:

Oh, Yahvé; Dios todopoderoso, tú conoces mi acostar y mi despertar, tú sabes si lloro y si sonrío. Te pido en este día que sanes mis heridas, Espíritu Santo enséñame a perdonar, quiero ser libre de los lazos y cadenas que arrastro con amargura: que yo pueda perdonarme a mí misma(o) si es necesario. Hazme una nueva criatura en Cristo Jesús, lávame con esa agua que salió de tu costado y liberta mi alma y mi espíritu con tu sangre preciosa derramada en la Cruz del calvario, declaró lo que me dice tu palabra en: *Juan 8:36 (DHH) Así que, si el Hijo los hace libres, ustedes serán verdaderamente libres.* Dios yo quiero ser libre hoy y para siempre en el nombre poderoso de Jesús. ¡Amén!

Notas;

Qué aprendí,

Día Luminoso 14

YAHVÉ GO'EL

"EL REDENTOR"

Así dice el SEÑOR su Redentor, el Santo de Israel: "Por su causa envié a Babilonia e hice descender como fugitivos a todos ellos, Es decir, a los Caldeos, en las naves de las cuales se gloriaba.

Isaías 43:14 (NBL)

Día Luminoso 14

Entonces María dijo: He aquí la sierva del Señor; hágase conmigo conforme a tu palabra. Y el ángel se fue de su presencia.

Lucas 1:38 (RVR1960)

Reflexión:

El anuncio del Ángel Gabriel a la Virgen María es uno que debiera darnos alegría cada día, por el simple hecho de que esa jovencita dijo si a nuestro padre celestial, dijo hágase en mí según tu palabra veamos esta otra traducción de la misma; *Lucas 1:38* (NBL) *Entonces María dijo: "Aquí tienes a la sierva del Señor; hágase conmigo conforme a tu palabra." Y el ángel se fue de su presencia.* Si entendiéramos que a través de ella recibimos la gran noticia de que nuestra salvación estaba en camino. Qué tan difícil es entender que Dios pudo escoger a cualquier otra persona, pero no lo hizo, Él se deleitó en escoger a María como nuestra madre por ser la madre de nuestro Señor Jesús, Más sin embargo en muchas religiones sin mencionar ninguna en específico para no meterme en luz roja; evitan siquiera hablar o predicar sobre ella y cuando lo suelen hacer lo hacen por encimita para no llegar muy profundo y puedan ser confundidos con otra secta. Yo puedo entender y sé que hay madres que tal vez no merecen ser llamada de tal manera por alguna barbaridades que han cometido, pero si ese no es tu caso tampoco lo es el mío entonces sé que nos gustaría recibir el respeto merecido para nuestras madres carnales, al igual te aseguro que a Jesús el hijo de Dios, y por la obra del Espíritu Santo le gustaría lo mismo con su elegida madre La Virgen Maria. Ella merece el respeto debido como la madre de nuestro Señor Jesús y salvador. A mí personalmente me causa tristeza que en vez de aceptar la verdad absoluta como tal propagamos divisiones entre nosotros mismo los cristianos estamos para servirle a un solo Dios y a vivir en comunión.

La obediencia es algo sumamente importante en el camino de seguir a Jesús, me llega al recuerdo una de las veces que el Señor ha puesto que haga algo en mi corazón. Les aseguro que no ha sido fácil pues como ser humana que soy lo primero que pienso es que me estoy imaginando cosas y que soy yo misma la que traje ese pensamiento a mi mente, claro que ese pensar no me durará mucho tiempo. ¿Por qué? Porque realmente me podré dar cuenta que no viene de mí, cuando mi corazón va a millón como si estuviera yo corriendo un maratón. Antes de contarle vamos a ver qué nos dice el señor sobre la obediencia en y que puede pasar si no actuamos en ella. Veamos *Lucas 12:47-48 »El criado que sabe lo que quiere su amo, pero no está preparado ni lo obedece, será castigado con muchos golpes. Pero el criado que sin saberlo hace cosas que merecen castigo, será castigado con menos golpes. A quien mucho se le da, también se le pedirá mucho; a quien mucho se le confía, se le exigirá mucho más.* Ya sabemos entonces que seremos castigados cuando sabemos lo que se requiere de nosotros y no lo hacemos. Les cuento que varias veces mucho más tal vez de lo que yo quisiera, me ha tocado hablar con personas extrañas, recuerdo este día en particular. Llegue a un Banco de América cerca del pueblo de donde vivo en Massachusetts, estoy sentada esperando mi turno para servicio al cliente y hay 2 personas antes que yo, están atendiendo una mujer rubia muy aparente con un bebe recién nacido y otra niña diría yo de algunos 5 años más o menos. De repente me pasa un pensamiento "dile a ella que va a tener un bebe varón muy pronto" lo primero que me dijo a mí misma Claribel estas loca es mujer acaba de tener ese bebe y tú le vas a decir que va a tener otro, no ni loca digas eso. Trato de borrar eso de mi mente y seguir esperando mi turno, de momento me doy cuenta de que esos pensamientos ya han tomado todo mi ser y que mi corazón va a millón como si estuviera corriendo el Maratón de Boston. Luché mucho conmigo misma y con mi espíritu quien me dice háblale y yo decía no, era realmente una guerra en mi mente que nadie podía ni siquiera imaginarla, pero yo la estaba peleando y no estaba cerca de ganarla. Peor aún la mujer ya había terminado y estaba caminando hacia su carro, pensarías tú que mi espíritu y yo hubiésemos llegado a un acuerdo de que ya le dije que no. Pero eso estaba muy lejos de suceder, cuando finalmente mi espíritu me dice se va a ir y tú estás aquí dentro del banco, no me quedó más remedio que buscar rápidamente un papel y un lapicero y escribirle apurada una nota, la cual escribí diciendo. Hola no me conoces, pero Dios ha puesto en mi corazón desde que te vi en el Banco que vas a tener un bebe varón muy pronto. Corrí de prisa antes que la mujer se montara en su carro y le dije discúlpame te puedo entregar un mensaje de Dios, ella sonriendo me dice que sí, básicamente de mi boca salió el pensamiento de lo que Dios quería decirle, y ella se quedó muy asombrada y sonriendo y me dijo gracias. Me di la vuelta rápidamente para alejarme de ella y al entrar en el banco mi corazón estaba totalmente en descanso como que nada había pasado. Les cuento esto para que puedan ver la importancia de la obediencia, muchos de nosotros vivimos una vida en discordia y a veces hasta pensamos que es mejor no vivir por la incertidumbre que algunos vivimos, pero quiero asegurarte que Dios quiere llevarte por un camino de verdes pastos, solo y únicamente trazado para ti, por ser única(o) en esta tierra. Pero hasta que no te detengas a escuchar la voz de Dios y andes en obediencia tal como lo hizo la virgen en el versículo Luminoso de hoy entonces vivirás con el corazón sin descanso y lleno de tormentos. Como si estuvieras al borde de un puente esperando cuando decidir, me tiro o no, esa clase de vida no es gratificante y nos mantiene atrasados al propósito por el que fuisteis creados (a) entonces qué más se nos dice sobra la obediencia y la desobediencia, bueno vamos a ver; *Santiago. 4;17(NBL) A aquél, pues, que sabe hacer lo bueno y no lo hace, le es pecado.* Entonces para simplificar lo que se nos dice aquí, si tú y yo sabemos lo que tenemos que hacer, pero no lo hagamos vivimos en desobediencia y peor aún se nos cuenta como pecado. Leamos estos versos siguiente para estar más claros en este asunto y de la importancia de escuchar al Señor nuestros dios en todo; *Dt 11:28 (DHH) Maldición, si por seguir a dioses desconocidos, desobedecen los mandamientos del Señor su Dios y se apartan del camino que hoy les he ordenado.* Pero miren que se nos dice en el siguiente; *Ef 5:6 (NBL) Que nadie los engañe con palabras vanas, pues por causa de estas cosas la ira de Dios viene sobre los hijos de desobediencia.* Pero qué pasará con aquellos que les dicen que si al Señor vamos a ver; *Dt 30:16-18 (DHH) Si obedecen lo que hoy les ordeno, y aman al Señor su Dios, y siguen sus caminos, y cumplen sus mandamientos, leyes y decretos, vivirán y tendrán muchos hijos, y el Señor su Dios los bendecirá en el país que van a ocupar.* Dios quiere bendecir tu vida y la mía en todo lo que hagamos, solo hay que seguirle de corazón y obedecer. Él es nuestra pronta ayuda nuestros Redentor, quien pagó precio de Sangre; *Isaías 47:4 (LBA) Nuestro Redentor, el SEÑOR de los ejércitos es su nombre, el Santo de Israel.*

Aplicación:

¡Vamos! Te animo a que comience una vida nueva en Cristo, dedica tiempo a las escrituras sagradas para que puedas renovar tu mente, como se nos dice en; *Romanos 12 (NVI) Por lo tanto, hermanos, tomando en cuenta la misericordia de Dios, les ruego que cada uno de ustedes, en adoración espiritual, ofrezca su cuerpo como sacrificio vivo, santo y agradable a Dios. No se amolden al mundo actual, sino sean transformados mediante la renovación de su mente. Así podrán comprobar cuál es la voluntad de Dios, buena, agradable y perfecta.* Te invito a meditar en estos versículos para que tu mente sea renovada y llegues caminar en obediencia para que así puedas entrar como ofrenda agradable ante la presencia de Dios.

Oración:

Señor, en estos momentos a ti elevo mi oración, mírame con compasión y abre mis ojos espirituales tal como hiciste con el criado de Elías. Cambia mi corazón para que yo pueda ver tu verdad tal como tus profetas la han escrito en la Biblia la cual ha sido inspirada por ti. Llena mi vida de paz, fortaleza y ánimo para poder seguir adelante y que en cada momento que tú me des la oportunidad de proclamar tu palabra pueda yo hacerlo. Tú eres el Redentor de Israel, que yo esté siempre dispuesta tal como lo estuvo tu madre La Virgen María a decirte que si para que se haga en mí, según tu voluntad y así llevar la buena noticia de que nuestro Salvador vive, te lo pido en el nombre que está sobre todo nombre Cristo Jesús. ¡¡Amén!!

Notas;

Qué aprendí,

Día Luminoso 15

JHWH / YAHVEH
Ehyé-Asher-Ehyé
"El Gran Yo Soy"

Pero Moisés volvió a protestar: Si voy a los israelitas y les digo: "El Dios de sus antepasados me ha enviado a ustedes", ellos me preguntarán: "¿Y cuál es el nombre de ese Dios?". Entonces, ¿qué les responderé? Dios le contestó a Moisés: Yo soy el que soy. Dile esto al pueblo de Israel: "Yo soy me ha enviado a ustedes". Dios también le dijo a Moisés: Así dirás al pueblo de Israel: "Yahveh, el Dios de sus antepasados, el Dios de Abraham, el Dios de Isaac y el Dios de Jacob, me ha enviado a ustedes. Este es mi nombre eterno, el nombre que deben recordar por todas las generaciones".

Éxodo 3:13-15 (NTV)

Día Luminoso 15

Eliseo le preguntó: —¿Qué puedo hacer por ti? Dime qué tienes en casa. Ella le contestó: —Esta servidora de usted no tiene nada en casa, excepto un jarrito de aceite.

2 Reyes 4:2 (DHH)

Reflexión:

Dios tiene un milagro con tu nombre y el mío; yo deseo que sepas que en cada uno de nosotros hay un tesoro escondido, pero cuantos nos empeñamos en buscar fuera la respuesta que llevamos dentro o que simplemente está a nuestro alcance. Nos dice la palabra en; *1 Cor 3:16 Acaso no saben ustedes qué son templo de Dios y que el Espíritu de Dios vive en ustedes?* Este versículo trata de enseñarnos que tenemos dentro de nosotros uno que es más grande y fuerte que nosotros mismo, y que al mismo tiempo está a nuestros alcance para ayudarnos y guiarnos por el camino a seguir. Y volviendo al versículo Luminoso de hoy es importante reconocer que la viuda tomó un paso a seguir y la decisión en su vida extremadamente de alto riesgo, ella se enfrentaba de una manera u otra entre la vida y la muerte, sus hijos peligraban de ser tomados como esclavos y correr la desdicha que si ella se negaba a que ellos fueran heridos de muerte, o talvez nunca más volverlos a ver. Ella no sabía qué hacer y un mal consejo le costaría perder sus hijos, pero se tornó a buscar ayuda en un profeta de Dios para que le guiara, y esto es totalmente válido, pues ese varón de Dios tenía la respuesta que ella necesita escuchar. Cuando ella pensaba que no tenía nada en su casa allí estaba todo lo que ella necesitaba, Él Señor ya había proveído la solución a su necesidad de antemano. Si llega una situación en nuestras vidas donde nos encontramos atrapados y no sabemos qué hacer o qué camino tomar es imprescindible buscar a alguien que, en vez de buscar solución en lo natural, esa persona pueda guiarnos al resultado sobrenatural que ya Dios tiene preparado de antemano para nuestra situación. Elíseo era un hombre de Dios y sabía que ya Dios tenía en la casa de la viuda la respuesta a su problema familiar. Esto me recuerda a la historia del paralitico de Betesda en; *Jn 5:5,9*

Y había allí un hombre que hacía treinta y ocho años que estaba enfermo. Cuando Jesús lo vio acostado, y supo que llevaba ya mucho tiempo así, le dijo: ¿Quieres ser sano? Señor, le respondió el enfermo, no tengo quien me meta en el estanque cuando se agita el agua; y entre tanto que yo voy, otro desciende antes que yo. Jesús le dijo: Levántate, toma tu lecho, y anda. Y al instante aquel hombre fue sanado, y tomó su lecho, y anduvo. Y era día de reposo aquel día. Sabemos que este hombre sufrió por 38 años, mis hermanos eso es mucho tiempo, pero así nos pasa a nosotros también que esperamos en la ayuda que otros nos puedan brindar y lamentablemente se nos olvida quien es que está dentro de nosotros y buscamos ayuda en lugares incorrectos o dependemos de otros para nuestros bienestar y el de nuestra familia. A veces buscamos consejos en personas equivocadas y tomamos decisiones basadas en ese consejo, pero la viuda nos dejas algo importante en que pensar, y esto es que si no concibo recibir mi respuesta desde lo más profundo de mi corazón y guiada por el Espíritu de Dios, entonces me tornare a alguien que está conectado con Dios, de otra madera si esa persona no existe a mi alrededor seguiré buscando an la oración constante la respuesta que viene de lo alto hasta que la consiga. Por esto la palabra nos dice en; *Mt 7:7,8 Pedid, y se os dará; buscad, y hallaréis; llamad, y se os abrirá. Porque todo aquel que pide, recibe; y el que busca, halla; y al que llama, se le abrirá. Entonces podemos ver que la viuda buscó ayuda y la encontró*, y para los que saben la historia ocurrió el milagro del aceite, pero ella y sus hijos debieron de tomar una acción, perder la vergüenza, el orgullo e ir y buscar las valijas prestadas. Debieron ponerse de mutuo acuerdo y encerrarse juntos como familia y tener fe en que Dios iba a suplir sus necesidades. Ellos todos pusieron esa fe a trabajar para poder ver su milagro correr en abundancia bajo el poder y la misericordia de nuestro Dios, el Gran Yo Soy. Mis hermanos Dios es todo en todo, el todo lo puede, Él es el dueño del universo, y asi como le dijo el cinturón, *tú sólo envía la palabra y será hecho Lc 7:7* así mismo debiéramos tú y yo confiar totalmente en el Señor hasta el punto que sepamos que con una sola palabra que él diga, nuestras situaciones cambiarán inmediatamente, cuando salgan de su boca ya serán un hecho real. Oh, Gloria a ti mi Dios. Hermanos yo deseo que ustedes sepan que el enemigo está detrás de tu familia, de tu matrimonio, detrás de tus hijos, negocios y de tu empleo y de todo lo que te pertenece por ser heredera de un rey soberano. Pero te tengo una buena noticia si tú te paras en la brecha y busca la ayuda necesaria espiritualmente, Dios está a una oración de distancia de ti para responder tu llamado, enciérrate en el lugar sagrado con Dios en el Santísimo y déjate guiar por su Santo Espíritu para que puedas, así como la viuda ver tu milagro manifestarse. Dios es un Dios que provee para ti y los tuyos, Él es el dueño del cielo y la tierra, veamos que se nos dice en;

1 Crónicas 29:12 De ti {proceden} la riqueza y el honor; tú reinas sobre todo y en tu mano están el poder y la fortaleza, y en tu mano está engrandecer y fortalecer a todos. Aquí claramente podemos entender que Dios está a la disposición de todos nosotros, no solo de aquellos en tiempos antiguos o en tiempos de la era de Jesús en la tierra, ¡no! Dios está aquí y ahora en este tiempo presente esperando que tú vengas, humíllate ante él reconociéndose que Él es El todopoderoso, sabiendo que a la hora de la verdad sin Él no somos nada pero con Él lo somos todo. Vayamos en búsqueda de la ayuda que necesitamos, busquemos en lugares correctos su misericordia y les repito nuevamente que nuestros milagros están a la puerta esperando fluir en nuestras vidas.

Aplicación:

¡Vamos! Busca tu milagro en la presencia de Jesús de Nazaret, el "YO SOY", El que es auto existente, Él tiene promesas para ti, Dios nunca cambia ni hace distinción de personas. Sus promesas nunca fallan para el todo es un sí y un amén, leemos sobre esto en; *2 Cor 1:20 Pues tantas como sean las promesas de Dios, en Él todas son sí; por eso también por medio de* Él*, Amén, para la gloria de Dios por medio de nosotros.* Él es fiel, Él no tiene sombra de variación, Dios nos promete su presencia continua, búscale y le encontrarás. En los momentos más difíciles de tu vida cuando puedas estar pasando por una enfermedad, medita en su palabra en *Isaías 53* y *Prov. 3*. Si tienes problemas con tus hijos que están en el camino incorrecto recuerda que *los hijos son una bendición para sus padres nos dice el Salmo 127* y declara que tu casa y tu servirán al Señor tal como lo declaró *Josué 24:15*. Si tal vez el problema es con tu esposo/ esposa declara que lo que Dios une no lo separará el hombre como nos dice en *Mt 10:9*. Cual sea la dificultad, Dios tiene una respuesta en su palabra, la cual te aseguro traerán resultados a tus oraciones y paz a tu alma. No esperes más búsquele, pues Jesús es el único camino *Jn 15* no hay otro camino ni nunca lo abra, el es la Escalera que Dios nos ha dejado entre cielo y la tierra; *Jn 1:51*. Deseo que acepten esta llave maestra, reciban la revelación de parte del Espíritu Santo, Jesús es el nombre en el cual podemos usar para destruir toda fortaleza, ente ese nombre que está sobre todo nombre tiemblan los demonios *Santiago 2:19* por favor mediten en esta verdad, Dios está de nuestra parte.

Oración:

Padre eterno, Gran Yo Soy te pido en este instante que llenes mi corazón de tu aceite e inunde mi vida con tu santa presencia. Padre, tu palabra nos dice; *Guárdame como a la niña de tus ojos; Escóndeme bajo la sombra de tus alas, Salmo 17:8* así deseo seguir siempre siendo la niña de tus ojos, que nunca se aparte tu presencia de mi vida, que yo pueda reconocer todos tus caminos y nunca alejarme de ellos. Te pido que si algún día camino y caigo lejos de ti que tú me tiendas la mano para yo levantarme, que pueda reconocer que si llego a algún lugar donde no soy aceptada, que recuerde que tú si me aceptas y me amas mucho antes de amarte a ti. Que yo puedo correr ante tu presencia y reconocer a tus profetas y aceptar sus consejos sabiendo que son inspirador para mi. Padre te pido cuides de mis hijos, familiares y seres queridos al igual que de mi matrimonio o noviazgo y si estoy soltero/a que tú cuides de mi futuro compañero/a. Te pido guíe mis pasos, guíalos por tus senderos, todo esto te lo pido en el nombre poderoso de Jesús. ¡Amén!

Notas;

Qué aprendí,

Día Luminoso 16

YAHVE MEFALTI

"El Señor mi libertador"

Tú, Señor, eres mi fuerza; ¡yo te amo! Tú eres mi protector, mi lugar de refugio, mi libertador, mi Dios, la roca que me protege, mi escudo, el poder que me salva, mi más alto escondite.

Salmos 18:1,2 (DHH)

Día Luminoso 16

Cuando el Señor pase para herir de muerte a los egipcios, verá la sangre por todo el marco de la puerta, y pasará de largo por esa casa. Así el Señor no dejará que el destructor entre en las casas de ustedes.

Éxodo 12:23 (DHH)

Reflexión:

La sangre de Jesús ata, neutraliza y aniquila los poderes demoníacos que quieran venir contra nosotros. Recuerdo que cuando entregué mi vida a Jesucristo una de las cosas que empecé a desear fue realmente conocerle por quien él es, en aquel entonces hace más o menos 13 años atrás se me empezó a revelar el gran poder de Su sangre derramada en la cruz. Pero, más allá entendí que él murió por el mundo entero no solo por mí, lo cual me dio mucha esperanza para mis seres queridos y amistades. Mientras leemos el siguiente versículo en este Día Luminoso de hoy deseo que sepas que tú has sido redimido del poder del enemigo por la sangre preciosa de Jesús. Leamos juntos lo que nos dice Pablo en *Efesios 1:7 En Él tenemos redención mediante su sangre, el perdón de nuestros pecados según las riquezas de su gracia.* Nuestro rescate fue pagado por Su sangre y en él tenemos redención. Pero no me malinterprete por que la palabra nos dice que tendremos aflicciones miremos juntos; *San Juan 16:33 (DHH) Les digo todo esto para que encuentren paz en su unión conmigo. En el mundo, ustedes habrán de sufrir; pero tengan valor: yo he vencido al mundo*. Los problemas van a surgir ellos no se hacen esperar y por lo tanto esa misma Sangre del cordero puede ser aplicada hoy en día, ella no ha dejado de ser efectiva por que pasaron más de 2000 mil año, la Sangre de Jesús tiene el mismo poder de hacer que los demonios huyan donde es aplicada, creyendo en que Jesús la derramó por nosotros. Pero vamos al versículo principal un momentito a ver nuevamente lo que nos dice; *Ex 12:23 Cuando el Señor pase para herir de muerte a los egipcios, verá la sangre por todo el marco de la puerta, y pasará de largo por esa casa. Así el Señor no dejará que el destructor entre en las casas de ustedes.* Ósea esto es en lo espiritual, por el solo hecho de ver la marca o señal como desees decirlo de la Sangre, el maligno y sus asaltantes no podrán entrar en tu casa a menos que te descuides y dejes una puerta abierta, Pero necesito que tú me entiendas 100% y no te quede duda alguna de ese poder tan grande que posee la sangre de Jesús. En aquellos tiempos Jesús todavía no había pasado o vivido mejor dicho aquí en la tierra, pero aun así el valor de la sangre del animal sin manchas que mataban como sacrificio, representaba la sangre de nuestro salvador y tenía un gran poder, Entonces imaginate el poder de su propia sangre que ya fue derramada, lo que esa puede hacer hoy en día. Te aclararé en los versículos siguientes la importancia de saber el poder de la sangre de Cristo en los tiempos que vivimos hoy y el no dejar de reclamarla de generación en generación, ella tiene el poder de salvar tu vida en todo tiempo de peligro. Éxodo 12:13,14 »"La sangre les servirá para que ustedes señalen las casas donde se encuentren. Y así, cuando yo hiera de muerte a los egipcios, ninguno de ustedes morirá, pues veré la sangre y pasaré de largo. Éste es un día que ustedes deberán recordar y celebrar con una gran fiesta en honor del Señor. Lo celebrarán como una ley permanente que pasará de padres a hijos. Se nos explica en este capítulo qué hacer y que debemos celebrar en su honor permanentemente y enseñar a nuestros hijos a aplicarla. Pero por si no entendemos la importancia de cumplir con este mandato en el *versículo 24* del mismo se nos recalca de esta manera; *Esta orden la respetarán ustedes y sus descendientes, como una ley eterna.* ¡Ósea, por siempre! y yo me pregunto porque hacemos tantos seres humanos viviendo fuera de la protección de Dios, especialmente me refiero a los que forman parte de la iglesia de Jesucristo. ¡Esta enseñanza es por y para siempre no para cuando tú y yo nos acordemos o cuando la necesitamos, No! Se nos dice como una ley eterna. Entonces, ¿cómo debemos aplicar esa sangre en nuestras vidas diariamente? En nuestro versículo principal del día Luminoso de hoy nos indica exactamente el cómo hacerlo. A través de la confesión creyendo que cuando por medio de la fe declamamos y proclamamos la poderosa sangre de Jesús en nuestras casas, familia, trabajos etc. sabemos que a través de esta confesión quedamos bajo la protección divina de su sangre poderosa. Claro, conviene tener presente como nos enseña la palabra de Dios que hay que aplicarla espiritualmente. Y sobre todo vivir y accionar en la palabra como dice; *Santiago 1:23,24 (DHH) El que solamente oye el mensaje, y no lo practica, es como el hombre que se mira la cara en un espejo: se ve a sí mismo, pero en cuanto da la vuelta se olvida de cómo es.* Cuando aprendamos a estar alineados a la palabra de Dios tendremos la certeza de estar cubiertos por Su sangre preciosa. Solo al aplicar la fe a la oración nos asegurará esa protección divina. Déjame mostrarte algo mucho más importante que no podemos ignorar, en el siguiente versículo: En este se nos reitera que ya hemos vencido por medio de Cristo Jesús. Leamos juntos; *Apoc. 12:11 (DHH) Nuestros hermanos lo han vencido con la sangre derramada del Cordero y con el mensaje que ellos proclamaron; no tuvieron miedo de perder la vida, sino que estuvieron dispuestos a morir.* Al entender estas verdades bíblicas, las cuales están para liberarnos de los ataques infernales, hay que ver y entender que Dios es más poderoso que todo mal en este mundo. Él es nuestra roca, nuestro escudo el poder que nos salva y con su sangre, nuestras casas estarán bajo su protección. Deseo que te a posesionen de los recursos que Él nos ha dejado a través de estas enseñanzas. Todos debemos entender nuestro deber como embajadores aquí en la tierra y que no estamos solos, tengamos la seguridad que no seremos removidos de su protección divina cuando ponemos nuestra plena confianza en Él, si los problemas surgirán pero los venceremos con el poder de su sangre preciosa, porque sus promesas son eternas.

Aplicación:

¡Vamos! Te insto hoy mismo a que comiences un nuevo ciclo de bendición y protección, antes de irte a dormir, declara la sangre de Jesús sobre tu vida y sobre la de tu familia, pon espiritualmente la sangre sobre el dintel de la puerta de tu casa. Cree y confía que estás bajo esa protección y enséñales a tus seres queridos y a tus hijos si ya tienes la importancia de reclamar la sangre preciosa de Jesús sobre sus propias vidas todos los días, si no tienes hijos puedes compartir la enseñanza con cualquier persona allegada o conocida.

Oración:

Padre amado, todopoderoso tú que eres mi libertador, en este día te pido que con tu sangre preciosa me cubras, me limpies y me protejas a mí y a cada miembro de mi familia. Te pido que nos libertes de las garras y de todo engaño que el enemigo padre de toda mentira ha querido venir a traer a mi persona y a los míos, Hoy me apego a tu palabra que nos recuerda en; *Juan 8:36 (RVR1960) Así que, si el Hijo os libertare, seréis verdaderamente libres.* Hoy y cada día quiero permanecer libre y protegida en el nombre poderoso de Jesús, Yo quiero recibir toda bendición preparada de antemano para mi persona y los míos, para mi iglesia y mi comunidad, y que el destructor no pueda hacernos daño. Señor Jesús concédeme a través del poder de tu sangre y de tu Espíritu Santo la oportunidad de vivir una vida santa y agradable para ti, para que así yo pueda caminar cada día en tu libertad. ¡¡Amen!!

Notas;

Qué aprendí,

Día Luminosos

ELOHE TSADEKI

"Dios de mi Justicia"

Respóndeme cuando clamo, oh, Dios de mi justicia. Cuando estaba en angustia, tú me hiciste ensanchar; Ten misericordia de mí, y oye mi oración.

Salmos 4:1 (RVR1960)

Día Luminoso 17

El Señor es mi pastor; nada me falta.

En verdes praderas me hace descansar, a las aguas tranquilas me conduce, me da nuevas fuerzas y me lleva por caminos rectos, haciendo honor a su nombre. Aunque pase por el más oscuro de los valles, no temeré peligro alguno, porque tú, Señor, estás conmigo; tu vara y tu bastón me inspiran confianza.

Me has preparado un banquete ante los ojos de mis enemigos; has vertido perfume en mi cabeza, y has llenado mi copa a rebosar.

Tu bondad y tu amor me acompañan a lo largo de mis días, y en tu casa, oh, Señor, por siempre viviré.

Salmos 23 (DHH)

Reflexión:

Nuestras vidas necesitan ser encaminadas y constantemente dirigidas por más que una simple brújula la cual nos lleva de norte y sur y del este al oeste, que mejor que aceptar ser guiados por El Señor Jesús nuestro pastor y su Espíritu Santo. Cuando David escribió este Salmo, él sabía muy bien el significado de lo que era cuidar ovejas, puesto que ese era el trabajo que ejercía para su padre. El entendía lo indefensos que eran aquellos animalitos y la importancia de defenderlas de las garras de su predador. Así mismo Jesús entiende la gran necesidad que tenemos tú y yo de ser defendidos de los ataques del diablo y los ángeles caídos que con él trabajan de día y de noche miremos como se nos explica en; *1 Pedro 5;8 (NBV) Tengan cuidado y estén siempre alertas, pues su enemigo, el diablo, anda como león rugiente buscando a quién devorar.* Y si no andamos al acecho y vivimos una vida apegada a los estatutos de Jesús corremos el riesgo de andar sin nuestro pastor para que nos cuide. Ahora claro está que, si nos apegamos a él y nos llegamos a descarrilar por un breve tiempo, de seguro que Él mismo sale a buscarte tal como lo hizo con la oveja perdida veamos; *Mateo 18:12-14 (RVR1960)* ¿Qué os parece? Si un hombre tiene cien ovejas, y se descarría una de ellas, ¿no deja las noventa y nueve y va por los montes a buscar la que se había descarriado? Y si acontece que la encuentra, de cierto os digo que se regocija más por aquélla, que por las noventa y nueve que no se descarriaron. Así, no es la voluntad de vuestro Padre que está en los cielos, que se pierda uno de estos pequeños. ¡Wow! Cuan grande es la misericordia y el amor que Dios tiene por ti y por mí, Él ha dado todo para que tu no te pierdas ni tampoco los tuyos que son de Él. Esto me trae al recuerdo en uno de mis momentos más difíciles los cuales han sido varios, Dios envió a un angelito llamada Silene desde la ciudad de New York hasta la Florida, ella sin realmente conocerme, Dios la movió a llevarme una palabra de aliento. La cual yo tanto necesitaba, y este mismo versículo Dios puso en su corazón mientras orábamos, y ella lo dejó todo para venir a mi encuentro sin nada a cambio, ni siquiera me pidió para el pasaje de vuelo, solo fue obediente a lo que Jesús puso en su corazón. Al principio yo no entendí, pero meses después pude comprender cómo es que Dios nos ama sin importar si eres bueno o no, su misericordia no se basa en quién tú y yo somos. ¡No! Su misericordia se basa en quien es Él, un Dios de gracia y de justicia. Un padre amoroso quien no escatimó a su único hijo como se nos plasma en *Juan 3:16,17 (DHH)»* Pues Dios amó tanto al mundo, que dio a su Hijo único, para que todo aquel que cree en él no muera, sino que tenga vida eterna. Porque Dios no envió a su Hijo al mundo para condenar al mundo, sino para salvarlo por medio de él. Qué gloriosa es su grandeza, nuestro Dios está de nuestra parte. Vamos a ver juntos algo extremadamente importante que saber para que así siempre podamos tener la confianza de venir a El en tiempos que estemos como ovejas perdidas. Usare solo algunos versículos claves, te insto a que medites en el capítulo entero cuando tengas tiempo. Te será de mucha ayuda comprenderlo personalmente; *Rom 8:31,34-38,39 ¿Qué podemos decir acerca de cosas tan maravillosas como estas? Si Dios está a favor de nosotros, ¿quién podrá ponerse en nuestra contra? Si Dios no se guardó ni a su propio Hijo, sino que lo entregó por todos nosotros, ¿no nos dará también todo lo demás? ¿Quién se atreve a acusarnos a nosotros, a quienes Dios ha elegido para sí? Nadie, porque Dios mismo nos puso en la relación correcta con él. Entonces, ¿quién nos condenará? Nadie, porque Cristo Jesús murió por nosotros y resucitó por nosotros, y está sentado en el lugar de honor, a la derecha de Dios, e intercede por nosotros. Y estoy convencido de que nada podrá jamás separarnos del amor de Dios. Ni la muerte, ni la vida, ni ángeles ni demonios, ni nuestros temores de hoy ni nuestras preocupaciones de mañana. Ni siquiera los poderes del infierno pueden separarnos del amor de Dios. Ningún poder en las alturas ni en las profundidades, de hecho, nada en toda la creación podrá jamás separarnos del amor de Dios, que está revelado en Cristo Jesús nuestro Señor.* Necesito que entiendas la importancia de estos versículos, al entenderlo te serán como una llave maestra en tu vida diaria. Porque muchos sean descarriados y piensan que Dios jamás los perdonará por lo que han hecho, quiero que hoy seas libre de las mentiras religiosas y las mentiras que el enemigo ha querido poner en tu mente y en tu corazón. No le hagas caso a nada ni nadie que te aleje de la verdad de Cristo y lo que El ya ha logrado por ti y para ti lo cual es nada menos que la victoria, Nada podrá separarte del amor tan inmenso que tu creador tiene por ti por ser su hijo(a), pon tu confianza en ese amor Jesús.

Aplicación:

¡Vamos! Mi mayor deseo es que en este Día Luminoso que te decidas, si estás alejada de tu creador y te sientes perdido(a) te insto a que te dejes encontrar por Jesús nuestros pastor. Y si este no es tu caso, que tú seas de ayuda para quien pueda estar descarriado, que estas verdades de la palabra de Dios nos sirvan para entender la magnitud de la misericordia de Dios por cada oveja que pueda estar pasando por momentos difíciles. Tú y yo estamos llamados a ser los voceros de Jesús en esta tierra, no perdamos la oportunidad de ser sanados o de encaminar a otros para que lo sean y puedan liberarse.

Oración:

Padre de toda Justicia, Dios tú que eres amor, en este día quiero pedirte que sanes toda herida que pueda estar en mi persona consciente o inconscientemente. Que pueda yo encontrar el camino a ti y la verdad en tu Espíritu Santo, Jesús de Nazaret abre mis ojos espirituales para que yo pueda reconocer cuando estoy caminando en valles de oscuridad. Que yo pueda ser luz para otros que estén perdidos, para que reciban esa paz que sólo tú nos das como se nos recuerda en; *Jn 14:27 (NBL) "La paz les dejo, Mi paz les doy; no se la doy a ustedes como el mundo la da. No se turbe su corazón ni tenga miedo.* Gracias Señor por tu paz, hoy deseo experimentar esa paz en mi vida, en el nombre poderoso de Jesús. ¡Amén!

Notas;

Qué aprendí,

Día Luminoso 18

ELOHIM KEDISHIM

"DIOS ES SANTO"

Cada uno de los cuatro seres vivientes tenía seis alas, y estaba cubierto de ojos por fuera y por dentro. Y ni de día ni de noche dejaban de decir: «¡Santo, santo, santo es el Señor, Dios todopoderoso, el que era y es y ha de venir!»

Apocalipsis 4:8 (DHH)

Día Luminoso 18

Porque te salvarás si confiesas con tu boca que Jesús es el Señor y crees en tu corazón que Dios lo resucitó de entre los muertos.

Romanos 10:9 (BL)

Reflexión:

Hay un plan divino para todo lo que respira en esta tierra, debajo de ella y por encima de ella. Lo cual nos indica que para cada ser humano es importante saber que cuando aceptamos a Cristo en nuestros corazones como Señor y Salvador y confesamos su santo nombre, tomamos un paso gigantesco en camino a descubrir nuestro propósito por el cual fuimos creados. Cuando le invitamos para que El more en nuestras vidas, nos tornamos a ser nuevas criaturas, ¡¡créeme que así de sencillo es!! Leamos los que se nos dice en; *2 Cor 5;17 (RVR 1960) De modo que, si alguno está en Cristo, nueva criatura es; las cosas viejas pasaron; he aquí todas son hechas nuevas.* Y vamos un poco más atrás en el viejo testamento para ver que desde antes que Cristo caminara por esta tierra ya se nos confirma lo mismo en: *Is 43:11,12 -43:18 (NVI) Yo, yo soy el Señor, fuera de mí no hay ningún otro salvador. Yo he anunciado, salvado y proclamado; yo entre ustedes, y no un dios extraño. Ustedes son mis testigos —afirma el Señor—, y yo soy Dios. «Olviden las cosas de antaño; ya no vivan en el pasado.* Aquí podemos notar que el versículo Luminoso de hoy en la carta a los Romanos no es una fórmula mágica, al contrario, es de extrema importancia reconocer y confesar con nuestra boca, es un fundamento esencial en nuestro comienzo a caminar con y en Cristo Jesús. Quiero usar una ilustración, claro por favor sepan que no estoy comparando a Dios con esto pues Él es nuestro único Dios y nada está por encima de Él, sería una ofensa gravísima compararle. Veamos pues, confesar a Cristo con nuestra boca para ser salvos es parecido a Tomar un avión, tiene un transcurso para llegar a tu destino final. En primer lugar, sales de tu casa, llegas al aeropuerto, chequeas tus maletas si es necesario, luego te toca ponerte en una línea y esperar para pasar por un la aduana donde te piden tu pasaporte/ visa y te hacen varias preguntas de acuerdo a dónde vas. Luego tienes que remover tus zapatos, correas, chamarras etc, claro algunas personas pueden ser exentas de algunas de estas cosas. Debes poner tus pertenencias en una correa donde son escaneadas por una máquina de radio equis al igual que también al viajante le toca pasar por una máquina de igual chequeo intensivo, si es necesario también te chequean tus manos en búsqueda de algún rastros de pólvora de explosivos. Y me encantaría decirte si nunca has viajado o por lo menos después de la tragedia del 9/11 en Estados Unidos que allí termina tu viaje placenteramente. No, hoy en día te toman la temperatura antes de abordar y tienes que mantener una mascarilla puesta dentro del avión en todo momento, y si no lo haces peligras al ser removido/a del avión. Cuando llegas a tu destino también puedes tener que pasar otra vez por inmigración especialmente si sales del país, para finalmente dirigirte a tu destino deseado. Hermanos así se parece un poco el empezar a caminar con Dios, pueden venir turbulencias y tribulaciones dirigidas para que deseemos retroceder a nuestras vidas anteriores y no seguir o concluir con este caminar en Cristo. Por esto Jesús fue claro al decirnos en los siguientes versículos en diferentes ocasiones; leamos juntos estos 3 versículos; *Lc 21:17 (RV) Y seréis aborrecidos de todos por causa de mi nombre. Jn 16:33 (RV) Estas cosas os he hablado, para que en mí tengáis paz. En el mundo tendréis aflicción: más confiad, yo he vencido al mundo. 2 Tim 3:12 (RV) Y también todos los que quieren vivir piadosamente en Cristo Jesús, padecerán persecución.* Claramente podemos entender que hay un transcurso entre confesar a Cristo y vivir plenamente en Él cada día. Pero no tengan miedo que lo bueno de esto es, como se nos menciona en *Juan 16:33* en Cristo Jesús, podemos en medio de todas estas dificultades tener paz porque Cristo mismo venció al mundo y vive dentro de nosotros.

Por consiguiente, tenemos un llamado el cual se nos denota en el libro de: *Primera de Pd 1:16 (NTV) Pues las Escrituras dicen: «Sean santos, porque yo soy santo».* La santidad de Dios es más que su perfección y pureza sin pecado; es la esencia de su trascendencia, la cualidad de ser separada— por fuera, por dentro y por encima de toda la creación. La santidad de Dios incorpora su misteriosa grandeza y a causa de su santidad trascendente, lo contemplamos a Él con asombro y entendemos que Él es todo en todo, El Gran Yo Soy, El alfa y la Omega el principio y el fin. Su pureza hace que sea imposible que toleren el pecado, y para satisfacer su propia santidad, Él proporcionó una forma para que la humanidad pecadora se acercara a Él—a través del sacrificio de Cristo, el Hijo de Dios sin pecado. El cual fue entregado como expiación. Leamos: *1 Jn 2:2 (LBLA) El mismo es la propiciación por nuestros pecados, y no sólo por los nuestros, sino también por {los} del mundo entero.* Que grandioso es nuestro Dios, de esta manera Dios no quiere que tú ni yo vivamos una vida desordenadas El anhela tener una relación personal con nosotros y no es como algunos piensan que Jesús se fue al padre y estamos aquí solo esperando su segunda venida. ¡No! Tenemos un ayudador El Espíritu Santo, para poder vivir al máximo nuestro llamado al aceptar a Jesús como nuestro Salvador. Leamos junto estos versículo siguiente en el libro de *Juan* capítulo *14* cual me gustaría estudies en tu tiempo libre con Dios. *18 No os dejaré huérfanos; vendré a vosotros. 26 Pero el Consolador, el Espíritu Santo, a quien el Padre enviará en mi nombre, Él os enseñará todas las cosas, y os recordará todo lo que os he dicho.* Búsca arduamente al Espíritu Santo y Él mismo se encargará de ayudarte en tus debilidades. Créeme soy una testigo fiel de cómo Él puede guiarnos cuando más lo necesitamos lo e vivido en carne propia y espiritualmente.

Aplicación:

¡Vamos! Decídete hoy andar en Santidad, no mires hacia tras ya eres una criatura nueva en Cristo Jesús. Cuando caigas, Dios está ahí a tu lado para ayudarte a levantarte, no aceptes las mentiras del maligno quien astutamente te hará creer que Dios no puede perdonarte, que tú pecado es más grande que su amor. Eso es mentira porque la misma palabra es clara en decirnos que al entregarnos a Él y amar a nuestros hermanos en Cristo, lo conoceremos a Él porque Él es amor: *El que no ama, no ha conocido a Dios; porque Dios es amor. 1 Juan 4:8.* El enemigo no sabe ni tiene conocimiento de ese significado, él jamás entenderá el amor tan grande que Dios tiene para ti y para mí, vamos Confesemos hoy a Jesús como nuestro Salvador. Santo, santo, santo es el Señor Dios todopoderoso, el que era, el que es y el que ha de venir.

Oración:

Padre amado, Dios Santo de Israel; quiero pedirte hoy que ilumines los ojos de mi entendimiento para que yo pueda llegar a comprender el misterio revelado en tu palabra para con mi vida, te pido que me ayudes a caminar en tu santidad y que pueda yo aceptarte cada día como mi Salvador. Que yo pueda renovar mi mente en tu palabra y entender que por tu infinita gracia yo soy salva(o) como se nos dice en tu palabra: *Porque por gracia ustedes han sido salvados mediante la fe; esto no procede de ustedes, sino que es el regalo de Dios, no por obras, para que nadie se jacte. Efesios 2:8-9 (NVI)* Gracias, mi Dios por tu majestuosa bondad para conmigo y los míos. Todo esto te lo pido en el nombre de Jesús de Nazaret, Dios de Israel. ¡¡Amén!!

Notas;

Qué aprendí,

Día Luminoso 19

EL ROHI

"EL DIOS QUE VE"

Agar llamó el nombre del SEÑOR que le había hablado: "Tú eres un Dios que ve"; porque dijo: "¿Estoy todavía con vida después de ver a Dios?"

Génesis 16:13 (NBL)

Día Luminoso 19

Y oró Eliseo al Señor, diciendo: «Te ruego, Señor, que abras sus ojos, para que vea.» El Señor abrió entonces los ojos del criado, y éste vio que la montaña estaba llena de caballería y de carros de fuego alrededor de Eliseo.

2 Reyes 6:17 (DHH)

Reflexión:

En los tiempos que nos encontramos hoy en día es especialmente imprescindible tener los ojos espirituales abiertos, y sé que muchos me preguntarán de qué nos habla esta mujer si ya tenemos los ojos abiertos, tal vez la que está ciega es ella. Pues deseo que sepan hermanos que al igual que tenemos ojos carnales los que tú y yo podemos ver y parpadear, también tenemos ojos espirituales y para el que ha tenido visiones estando despierto sabe exactamente de lo que hablo. En el versículo principal Luminoso de este día podemos leer que Eliseo le pide a nuestros Señor que le abra los ojos a su criado para que pueda ver, nuevamente te dijo que le estaba pidiendo no por sus ojos humanos que ya estaban abiertos y eso lo notamos en unos versículos anteriores en el *15* del mismo donde se nos dice que el criado se levantó en la mañana siguiente y cuando salió vio el ejército contrario. Notemos entonces que sus ojos humanos si estaban ya abiertos, pero no los espirituales los cuales son todavía más imprescindibles e necesarios que los carnales. Esto me trae varias cosas al recuerdo; *Porque por fe andamos, no por vista. 2 Cor 5:7 (NBL)* Aquí Pablo nos habla de la importancia de tener nuestra vista puesta en las cosas de Dios y no en la de esta tierra, en andar por fe sabiendo que Dios es Espíritu. Porque vivimos temporalmente aquí y nuestro cuerpo es como un cascarón que solo tapa lo espiritual, a veces nos enfocamos demasiado en lo actual y se nos olvida que estamos llamado a agradar a Dios en todo mientras vivimos aquí por un tiempo definido por El mismo quien nos creo, para cuando nos llegue el momento de partir y presentarnos ante el tribunal, ante la presencia del todopoderoso podamos ser dignos de recibir la corona que se nos tienen preparada. Como les dije anteriormente esto me recordaba varias cosas. Bueno cuando yo era chica en mi país la República Dominicana donde nací por la gracia de Dios y más aún aquí en Los Estados Unidos donde me crié esto me pasaba mucho. Yo tenía muchos ataques, lo cual es en realidad yo no sabía que así era en aquel entonces, yo tenía muchas pesadillas con sombras negras y arañas de todo tamaño y otros animales los cuales venían para atacarme, cuando despertaba y abría mis ojos todavía podía ver lo mismo que estaba en mi pesadilla. En aquel entonces sólo podía orar el Salmo 91 yo lo recitaba entero en mi mente y a veces en voz alta y eso era lo único que hacía que finalmente se fuera y desapareciera lo que estaba viendo. Pero quiero que observen, esto me pasaba a principios de los años de los 90's pues yo nací en el 79 y para ese entonces a tan poca edad ya vivía en los Estado Unidos lejos de mi madre a quien amo y tanto necesites en esos momentos de angustia y de mi amado padre quien hoy descansa asta la venida de Cristo, quien me dio la oportunidad de que yo llegara a este país para una mejor vida, aunque el nunca viviera conmigo. En esos tiempos a mí no me llevaban a la iglesia regularmente y sabía muy poco de Dios, aunque si hice mi primera comunión y llegue a cantar en el coro de la iglesia, pero eso no fue por mucho tiempo. Por qué les dijo esto es porque quiero llegar a un punto importante de la palabra de Dios. A mi poca edad y con el mínimo conocimiento yo recordaba este Salmo 91 el cual mi madre en años anteriores de yo viajar, tenía una biblia abierta en la mesa cerca de la cama. Cuando lo leí? no lo recuerdo, pero fueron suficientes veces para poder memorizarlo y recitarlo en momentos de terror. Entonces mientras yo con mis ojos carnales abiertos veía estas cosas que venían rápidamente para encima de mi persona atacarme, sin moverme en pánico. Ahora que lo recuerdo bien no se si ni siquiera respiraba en esos momentos. Era algo que me causaba tanto horror y temor que sentía que si me movía hasta allí llegaría mi vida. Literalmente sentía que estaba entre la vida y la muerte y lo único que me salvaba era recitar este Salmo una y otra vez completamente. Yo podía ver como las arañas retrocedían poco a poco hasta que se desaparecía en las paredes de mi cuarto. Hoy le doy gracias a mi Dios porque realmente eso fue lo que me ha ayudado y llevado a apegarme a la palabra de Dios, no a palabrerías sin sentido o a oraciones que se dicen ser milagrosas fuera de la sagradas escrituras y no pongo en duda nada de eso, porque Dios hace y permite lo que el quiere, como el quiere. Pero yo personalmente solo me apego a ella y te puedo decir el poder tan grande que tiene la palabra de Dios de la cual se nos dice en el libro de los *Hebreos 4:12 (RVR1960) Porque la palabra de Dios es viva y eficaz, y más cortante que toda espada de dos filos; y penetra hasta partir el alma y el espíritu, las coyunturas y los tuétanos, y discierne los pensamientos y las intenciones del corazón.* Y para ser más clara miremos también lo que se nos manda hacer con la palabra; *Josué 1:8 (DHH) Repite siempre lo que dice el libro de la ley de Dios, y medita en él de día y de noche, para que hagas siempre lo que éste ordena. Así que todo lo que hagas te saldrá bien.* Para mi esto está más que claro espero para ti también, si nos llega un momento de angustia o de desesperación escudriñemos las escrituras para ver qué nos dice Dios sobre ese tema. Yo cometí muchos errores a los cuales tuve que pagar muy caros, pero hoy por hoy tengo que decirles que entiendo que Dios siempre estuvo a mi lado defendiéndome. No tengo duda alguna de esto, por consiguiente, cuando reconocí que Jesús es mi Señor y mi Salvador, sentí la necesidad de buscarle en su palabra. Yo no quería que me hablaran de un Dios al que yo fuera ajena, yo anhelaba que cuando alguien me hablara de Él yo pudiera añadir algo a la conversación con la información verdadera de Dios, pues te cuento que me encanta hablar.

Cuando venimos a Dios en oración y nos presentamos ante su presencia una de las cosas más importantes después de postrarnos ante él y pedirle perdón es por consiguiente pedirle que nos abra nuestros ojos espirituales para poder ver lo que Él nos quiera mostrar, Si no sabes cómo hacerlo te recomiendo leer en; *Romanos 6:13 (DHH) No entreguen su cuerpo al pecado, como instrumento para hacer lo malo. Al contrario, entréguese a Dios, como personas que han muerto y han vuelto a vivir, y entrégale su cuerpo como instrumento para hacer lo que es justo ante él.* Aquí podrás pedirle y presentarle todo tu ser como instrumento para hacer lo bueno, y tus 5 sentidos. Por ejemplo, yo lo hago así; padre amado en estos momentos quiero presentarme ante ti y entregarte todo mi ser, todo lo que soy te lo entrego. Abre mis ojos espirituales para poder ver desde tu perspectiva, abre mis oídos para poder escuchar tu voz y discernirla. Abre mi olfato para poder oler tu fresca fragancia, abre mi boca para poder proclamar tu palabra y toma mis manos para que yo pueda compartir con otros los dones que tú me has dado. Y puedes seguir por ahí presentando tus pies no hay límite con lo que Dios quiere hacer contigo si tu todos los días te presentas así ante él y con acción de gracias. Muchas veces en medio de esta oración he tenido revelaciones, Toma este Versículo en *Romanos 6:13* el cual te insto a que empieces a leer hoy mismo y preséntate ante Dios como instrumento agradable a Él. El Señor me ha dado visiones de gran alivio y de mucha fortaleza cuando más lo he necesitado.

Aplicación:

¡Vamos! Pídele al Dios que todo lo ve y todo lo sabe, el que te eligió antes de los tiempos. A ese del que el salmista David nos dice en su *Salmo 139:7,13 ¿A dónde podría ir, lejos de tu espíritu? ¿A dónde huiría, lejos de tu presencia? Si yo subiera a las alturas de los cielos, allí estás tú; y si bajara a las profundidades de la tierra, también estás allí; si levantara el vuelo hacia el oriente, o habitara en los límites del mar occidental, aun allí me alcanzaría tu mano; ¡tu mano derecha no me soltaría! Si pensara esconderme en la oscuridad, o que se convirtiera en noche la luz que me rodea, la oscuridad no me ocultaría de ti, y la noche sería tan brillante como el día. ¡La oscuridad y la luz son lo mismo para ti! Tú fuiste quien formó todo mi cuerpo; tú me formaste en el vientre de mi madre.* Oh, ¡Señor! alabado sea tu santo nombre por toda la tierra, mi alma te alaba.

Oración:

Señor Jesús; Te pido abras mis ojos espirituales para que pueda yo ver tu gloria y tú poder obrando en mi entorno. Que yo pueda saber y entender en mi espíritu; así como le dijo Elíseo en *segunda de Reyes 6;16* a su criado, que son más los que están conmigo que los que están en mi contra. Señor enseña a depender de ti y no en mis propias fuerzas, que yo pueda aprender que, aunque los vientos soplen fuertes contra mí, tú siempre estás a mi lado para calmar la tormenta. Señor yo quiero vivir por fe y no por lo que yo veo pasando a mi alrededor, tú eres el Dios de lo imposible. Dios yo quiero conocerte por quien tú eres, yo sé que tú me ves y conoces mis necesidades y todo lo que concierne a mi corazón, te ruego obres en mi entorno y abras la ventanas de los cielos a mi favor, padre manda lluvias de bendiciones, todo esto te lo pido en el nombre poderoso de tu hijo Jesús, ¡Amén!

Notas;

Qué aprendí,

Día Luminoso 20

ELOHIM OZER LI
"DIOS MI AYUDADOR"

Sin embargo, Dios me ayuda; el Señor me mantiene con vida.

Salmos 54:4 (DHH)

Día Luminoso 20

No te niegues a hacer un favor, siempre que puedas hacerlo.

Proverbios 3:27 (TLA)

Reflexión:

¡Cuántas veces podemos recordar, que alguien ha venido a nosotros en búsqueda de algún favor material y quizás nosotros con la posición adecuada de ayudar hemos dicho un rotundo no! A lo mejor somos igualmente algunos culpables de decir mentiras en momentos tales. Lo más seguro que yo puedo levantar mis manos y decir de corazón que yo soy culpable pues podría mentirle al mundo, pero a Dios quien le puede mentir y si lo hacemos de esto tendremos que dar cuenta, entonces vamos a ver lo que se nos dice en; *Gal 6:7* (NBL) *No se dejen engañar, de Dios nadie se burla; pues todo lo que el hombre siembre, eso también segará.* Y se nos reitera en; *Mt 12:36* (NBL) *"Pero yo les digo que de toda palabra vana que hablen los hombres, darán cuenta de ella en el día del juicio.* La verdad es que tal vez lo hemos hecho por prejuicios o porque sabemos a ciencia cierta qué tal personas solo nos están usando por conveniencia, pero por la razón que fuese que dijimos no y nos negamos ayudar, podemos hoy venir antes nuestros Dios y confesar nuestra mentira la cual es pecado y poder ser perdonados cuando pidamos perdón de corazón. *El que encubre sus pecados no prosperará; Mas el que los confiesa y se aparta alcanzará misericordia. Pr 28:13 (RV1960)* Es necesario andar en verdad para así poder mantenernos en la majestuosa presencia de Dios.

Entonces volviendo al versículo Luminoso de hoy podemos notar que estamos llamados a atender las necesidades de los demás, si alguien realmente necesita nuestra ayuda tenemos que dar la mano sin importar lo que pensemos. Lo único que debe hacer ancla en nuestros corazones es pedir discernimiento al Señor de cómo ayudar adecuadamente, y te aseguro que el Espíritu Santo te guiará hacer lo correcto. Esto me recuerda hace muchos años atrás tal vez alrededor de 11 años lo puedo revivir en este mismo instante ese día como si fuese hoy. Ese día tuve una conversación con una persona muy cercana a la cual no usare su nombre por respeto. Esta persona me contó de cómo una muchacha estaba pasando muchas necesidades financieramente a la cual tal vez en aquel entonces debía humanamente tenerle sentimientos encontrados por razones las cuales no vale ni la pena contar. Pero por la gracia de Dios no era así, en mi corazón no había ningún sentimiento errado en su contra. La persona allegada, me contó que esa joven no tenía ni siquiera para comprar las cosas necesarias para su bebe de apenas meses, porque su cónyuge era una persona extremadamente irresponsable y estaba viviendo fuera del Estado donde ella vivía. Esta historia me conmovió mucho, quiero que noten algo el cual es el punto de la historia. Esa noche yo estaba tomando clases en la Universidad cerca de la ciudad de Boston, durante la clase no podía concentrarme porque esta historia era muy cercana a lo que yo misma vivía en ese instante con dos de mis hijos pequeños y un bebe de apenas meses y al igual que ella también estaba pasando momentos financieros muy difíciles. Esta joven no salía de mi mente durante la clase, cuando de momento recuerdo escuchar una voz interior que me dijo mándale los $100 dólares que tienes. Yo no podía creer lo que había escuchado porque, aunque claro está, para este entonces ya conocía la voz de Dios y no había duda en mi corazón de lo que acababa de escuchar venía de lo alto, El problema que esto implicaba era que esos $100 dólares eran lo único que yo tenía hasta que me tocará cobrar nuevamente. Pero nada rápidamente pedí permiso para ir al baño y llame a la persona que me contó la historia y le dije lo que había pasado y le prometí al otro día enviar ese dinero, y le sugerí usted se encarga de que esa joven no sepa que yo lo envié porque de seguro no lo va a aceptar. Así mismo lo hice al día siguiente, pues comprendí que inmediatamente Dios puso eso en mi corazón ya ese dinero no me pertenecía. La moral de esta historia es que el Espíritu Santo muchas veces nos guiará hacer lo debido cuando es debido, aunque no lo entendamos en el momento y parezca todo lo contrario. *"Pero el Consolador (Intercesor), el Espíritu Santo, a quien el Padre enviará en Mi nombre, Él les enseñará todas las cosas, y les recordará todo lo que les he dicho. JN 14:26 (NBL)* Por esto es importante aprender a escuchar la voz del Espíritu y tener la sabiduría necesaria para actuar en lo que se nos instruye hacer. Ayudar al necesitado es algo imprescindible en nuestro caminar con Dios, porque Dios mismo es nuestro ayudador quien nos provee en tiempos de necesidad, si somos bendecidos entonces estaremos también llamados para ser bendición para otros. Las Bendiciones que no fluyen se estancan y los frutos corren el riesgo de secarse porque nuestros dones son para ponerse al servicio de los demás. No necesariamente tenemos que ayudar financieramente si no que hay infinitas maneras de dar la mano y si no lo hacemos cuando se nos presenta la oportunidad andaremos en desobediencia. Leamos juntos lo que nos dice Jesús; *'Porque tuve hambre, y ustedes no me dieron de comer; tuve sed, y no Me dieron de beber; fui extranjero, y no Me recibieron; estaba desnudo, y no Me vistieron; enfermo, y en la cárcel, y no Me visitaron.' "Entonces ellos también responderán: 'Señor, ¿cuándo te vimos hambriento o sediento, o como extranjero, o desnudo, o enfermo, o en la cárcel, y no te servimos?' "El entonces les responderá: 'En verdad les digo que en cuanto ustedes no lo hicieron a uno de los más pequeños de éstos, tampoco a mí lo hicieron.' "Estos irán al castigo eterno, pero los justos a la vida eterna." Mt 25:42,46 (NBL)* Con estas palabras de Jesús debemos notar que cuando no hacemos con los demás lo debido nos estamos negando a Dios mismo. Jesús nos da a entender algunas de las maneras de dar la mano y de servir al necesitado al mencionarnos algunas oportunidades que nos rodean el día a día. No volteemos la mirada a la necesidad ajena, digamos si cuando esté a nuestro alcance, pues un día podría ser tú, yo o un ser querido que tal vez esté lejos pasando necesidades y Dios ponga a otro que le de la mano cuando nosotros tal vez no tenemos la forma adecuada de hacerlo.

Aplicación:

¡Vamos! Haz el bien sin mirar a quién pues hay un dicho que usan frecuentemente en mi país que dice hoy por ti y mañana por mí, pero yo te exhorto hazlo por Jesús. *Todo lo que hagan, háganlo de buena gana, como si estuvieran sirviendo al Señor y no a los hombres. Pues ya saben que, en recompensa, el Señor les dará parte en la herencia. Porque ustedes sirven a Cristo, que es su verdadero Señor. Colosenses 3:23,24 (DHH)* Claro está hay que hacerlo de corazón porque realmente para Cristo estamos obrando y no para hombres de carne y huesos.

Oración:

Padre del Cielo, creador del universo; Dios mi ayudador. Que pueda yo ser hacedor de la palabra y no solo escucharla, como se nos enseña en Santiago *1:22-25 (RVA) Mas sed hacedores de la palabra, y no tan solamente oidores, engañándoos á vosotros mismos. Porque si alguno oye la palabra, y no la pone por obra, este tal es semejante al hombre que considera en un espejo su rostro natural. Porque él se consideró a sí mismo, y se fué, y luego se olvidó qué tal era. Mas el que hubiere mirado atentamente en la perfecta ley, que es la de la libertad, y perseverado en ella, no siendo oidor olvidadizo, sino hacedor de la obra, este tal será bienaventurado en su hecho.* Yo quiero de corazón aprender a ser humilde y ser dadivoso, quiero trabajar para el financiamiento de tu reino, prestar y no cojee prestado. Espíritu Santo guíame a atender las necesidades de aquel que esté a mi alcance y si se de alguien que esté lejos que pueda yo sentir el deseo de también ayudarle, tal como tú lo harías, mi Señor. Te lo pido en el tu nombre poderoso. ¡¡Amén!!

Notas;

Qué aprendí,

Dia Luminosos 21

YAHWEH ELOHE ABOTHEKEM

"El Señor, Dios de vuestros padres"

Y Josué dijo a los hijos de Israel: ¿Hasta cuándo seréis negligentes para venir a poseer la tierra que os ha dado el SEÑOR el Dios de vuestros padres?

Jos 18:3 (BJ 2000)

Dia Luminoso 21

Den gracias al Señor por su misericordia y por sus maravillas para con los hijos de los hombres. Porque Él ha saciado el alma sedienta y ha llenado de bienes el alma hambrienta.

Salmos 107:8-9 (LBLA)

Reflexión:

Es impresionante de lo que nos habla el Salmista, si tan solo algunos de nosotros pudiéramos entender, aunque sean una pequeña porción de lo que esto significa, el dar gracias al Señor día a día, desde que abrimos los ojos al despertar hasta que los cerramos al dormir no se quitará de nuestras bocas. ¡Dios es merecedor de que todo ser viviente exclame a gran voz gracias, Señor!, Leamos juntos algunas de las razones de esto; *Salmo de David. de el SEÑOR es la tierra y todo lo que hay en ella, El mundo y los que en él habitan. Sal 24:1* Somos hechura suya, y todo pertenece a Él, pero te quiero llevar un poco más profundo, meditemos en esto un momento; *Y si somos hijos, somos también herederos; herederos de Dios y coherederos con Cristo, si en verdad padecemos con Él a fin de que también seamos glorificados con Él. Rom 8:17* Entonces mi mayor deseo en este Día Luminoso es que esta verdad entre en lo más profundo de tu espíritu, tú tienes parte en este mundo, aunque no seas de él, y al junto con Cristo eres coheredero con él, entonces como no darle gracias por este gesto tan amoroso de su parte para con cada uno de nosotros. El vivir agradecido con Dios abre una puerta de bendición continua en nuestras vidas y las de los que nos rodean. No somos dignos ni merecedores de ser tratados con tanto amor, pero aun así Dios nos ama. Veamos un poco de ese amor en; *Cuando veo tus cielos, obra de tus dedos, la luna y las estrellas que tú has establecido, digo: ¿Qué es el hombre para que de él te acuerdes, y el hijo del hombre para que lo cuides?* ¡Sin embargo, lo has hecho un poco menor que los ángeles, y lo coronaste de gloria y majestad! Tú le haces señorear sobre las obras de tus manos; todo lo has puesto bajo sus pies: ovejas y bueyes, todos ellos, y también las bestias del campo, las aves de los cielos y los peces del mar, cuanto atraviesa las sendas de los mares. *¡Oh, Señor, Señor nuestro, ¡cuán glorioso es tu nombre en toda la tierra! David. Sal 8:3,9 (BLA)* ¡Wow! No me digas tú ni nadie que Dios no, nos ama, con un amor infinito, seríamos totalmente ciegos para no ver su grandeza y su poder y con qué amor tan inmenso él nos ama. Su mayor sacrificio por ti y por mí lo mostró en la Cruz. Quiero que te detengas un buen tiempo y medites hoy en lo que significa este versículo siguiente deseo que quede plasmado en tu memoria y si lo sabes y lo comprendes, simplemente dale gracias;» Porque *tanto amó Dios al mundo que dio a su Hijo unigénito, para que todo el que cree en él no se pierda, sino que tenga vida eterna. Jn 3:16 (NVI)* Esta es una poderosa verdad que podrá sacarte de cualquier abismo, depresión, opresión y de toda dificultad que puedas estar pasando. Su amor por ti y por mí lo llevo a entregar lo más valioso que el tenia, su único hijo, él lo entregó para que fuésemos salvos, todo por amor. Hoy Dios quiere liberar tu alma con esta verdad, de todo ataque del enemigo para que puedas ver no solo con tus ojos carnales, pero también con tus ojos espirituales que El té amó, te ama y siempre por toda una eternidad te amará. Tú y yo somos la niña de sus ojos, demos gracias por su amor, por su misericordia y por todas sus maravillas para con los hijos de los hombres, Él es el Dios de nuestros padres, nos ha dejado una herencia y desea que la poseamos hoy.

Aplicación:

¡Vamos! Entremos en posesión de todo lo que él tiene deparado para cada uno de nosotros y llevamos en nuestros labios la acción de gracia para que nunca se aparte. Declaremos como lo hizo *Josué* en el capítulo *24* a su final del *versículo 15, Pero si te niegas a servir al Señor, elige hoy mismo a quién servirás. ¿Acaso optarás por los dioses que tus antepasados sirvieron del otro lado del Éufrates? ¿O preferirás a los dioses de los amorreos, en cuya tierra ahora vives? Pero en cuanto a mí y a mi familia, nosotros serviremos al Señor.* Claro está es de suma importancia denotar por la razón que escribí el versículo completo, porque muchos, solo declaran sus últimas palabras y andamos errados en la carrera que nos toca seguir, si yo soy una de ellas que declaro su final tratando siempre de andar en sus estatutos, pero se yo y debes tú tener claro que si te niegas a Servir al Señor entonces estás sirviendo a otros dioses y de nada te servirá declarar el final de este versículo si no tratas a máximo de caminar en rectitud y en su verdad en todas tus posibilidades. Teniendo puestos los ojos en el verdaderamente camino al cual eres conducido al aceptar a Jesús como tú Señor y Salvador. ¡Oh! ¡Gloria a Dios en lo alto, yo lo declaro hoy y por siempre mi casa y yo serviremos al Señor!

Oración:

¡Oh! Padre celestial tú eres el todopoderoso como no darte infinitas gracias, si, tú eres el Dios de mis padres. Quiero hoy pedirte perdón si en algún momento alguien de mis antepasados no te agradó ni te aceptaron como su salvador. Hoy se rompen las cadenas ancestrales de la ingratitud, cubro con tu sangre derramada en la Cruz del calvario a cada una de mis generaciones de mi parte materna al igual que las de mi parte paterna. Todos aquellos que partieron sin aceptarte, pido perdón por ellos y desde ahora y para siempre pongo por delante de todas mis generaciones presentes y futuras a tu hijo JESÚS como nuestros Señor y Salvador, tú eres nuestro Dios, no hay nadie fuera de ti. Pongo delante de mí y de todas mis generaciones esta ley eterna:»" *La sangre les servirá para que ustedes señalen las casas donde se encuentren. Y así, cuando yo hiera de muerte a los egipcios, ninguno de ustedes morirá, pues veré la sangre y pasaré de largo. Éste es un día que ustedes deberán recordar y celebrar con una gran fiesta en honor del Señor. Lo celebrarán como una ley permanente que pasará de padres a hijos.* Éxodo 12:13 Yo (tú nombre aquí) lo declaró en el nombre poderoso de Jesús. ¡¡Gracias Señor, Amén y Amén!!

Notas;

Qué aprendí,

Dia Luminoso 22

YAHVEH JEREB

"El Señor la espada"

Dichoso tú, Israel. ¿Quién como tú, pueblo salvado por el SEÑOR? Él es escudo de tu ayuda, Y espada de tu gloria. Tus enemigos simularán someterse ante ti, Y tú pisotearas sus lugares altos."

Dt 33:29 (NBL)

Dia Luminoso 22

Con toda oración y súplica orando en todo tiempo en el Espíritu, y así velad con toda perseverancia y súplica por todos los santos.

Efesios 6:18 (LBA)

Reflexión:

Quiero enfatizar que la oración es una llave maestra para acceder a lo que Dios ya tiene preparado de antemano para ti y para mí. Es a través de la oración donde podemos encontrarnos con su majestuosa presencia, ahora no me mal entiendas esta no es la única manera, hay varias formas de entrar en su presencia, como la alabanza, la acción de gracias y el hablar en lenguas espirituales entre otras, en la que no entraré en detalles. Pero hoy deseo hablarte de la importancia de orar como se nos indica en el día Luminoso de hoy. Leamos nuevamente el versículo principal; *Con toda oración y súplica orando en todo tiempo en el Espíritu, y así velad con toda perseverancia y súplica por todos los santos.* vamos a desglosar este versículo en dos partes para entender a fondo su importancia y lo que el apóstol Pablo quería enfatizarse en él. No entraré en todos los detalles pues cada palabra usada en este versículo tiene su importancia, pero solo desglosaré lo que el Espíritu ha puesto en mi corazón. *#1 Oren en todo tiempo en el Espíritu,* podemos notar que se nos indica orar en todo tiempo en el Espíritu y que significa esto, además del significado de orar siempre o no dejar de orar por decirlo así, veamos que se nos dice en; Rom 8:26 *(LBLA)* *Y de la misma manera, también el Espíritu nos ayuda en nuestra debilidad; porque no sabemos orar como debiéramos, pero el Espíritu mismo intercede por nosotros con gemidos indecibles.* Es sumamente imprescindible orar con un propósito, no podemos simplemente empezar a decir y a repetir palabrerías que se la puedan llevar el viento, porque tal vez sea lo que hemos aprendido o se nos haya enseñado en tiempos antiguos por nuestros familiares o conocidos, ¡no! En este versículo de los *Romanos* se nos habla claro de que tenemos que conectarnos con el Espíritu Santo porque humanamente somos débiles y no sabemos que pedirle al padre, pero El mismo Espíritu de Dios si sabe que debemos pedir y el intercede por nosotros. Unos piensan que estamos llamados a orar en lenguas en este primer punto y otros piensan que no, pero en este Día Luminoso eso no está en discusión, mi pensamiento sobre este tema es que nos dejemos llevar del Espíritu Santo y oremos de acuerdo con lo que él ponga en nuestros corazones. No pongamos al Espíritu Santo en una caja donde lo dejamos salir si queremos o no eso es un grave error. Dejemos que Él mismo se mueva en nuestro entorno libremente, Pablo nos dice que los que no sabemos que orar somos nosotros, que El Espíritu Santo si sabe hacerlo correctamente, mejor aún el Espíritu conoce hasta lo más profundo de Dios. Leamos juntos entonces los siguientes versículos, para mí son simplemente impresionante lo que se nos dice en ellos. *Como está escrito: «Las cosas que ningún ojo vio, ni ningún oído escuchó, ni han penetrado en el corazón del hombre, son las que Dios ha preparado para los que lo aman.» Pero Dios nos las reveló a nosotros por medio del Espíritu, porque el Espíritu lo examina todo, aun las profundidades de Dios. Porque ¿quién de entre los hombres puede saber las cosas del hombre, sino el espíritu del hombre que está en él? Así mismo, nadie conoce las cosas de Dios, sino el Espíritu de Dios. 1 Corintios 2:9-11 (RVC)* ¡Wow! Gloria a Dios en lo alto, qué mejor entonces que cuando oremos que seamos guiados por el Espíritu de verdad y nos presentamos como ofrenda agradables a Él, para así tener la certeza que toda oración dirigida a Él pueda ser contestada. Busquemos la dirección del Espíritu Santo cada oportunidad que tengamos en la oración y te aseguro que obtendrás los resultados deseados en la oración.

El punto #2 que deseo desglosar es, *velen con toda perseverancia.* La primera palabra que Pablo usa aquí es *velen* y esa viene de velar y en el (Diccionario de la lengua española © 2005 Espasa-Calpe) se nos define de la siguiente manera; *Permanecer, cuidar, custodiar o hacer guardia;* y veamos que significa *perseverancia* en él; Diccionario Enciclopédico Vox 1. © 2009 Larousse Editorial, S.L. *Firmeza, constancia, duración permanente o continua.* Entonces podemos deducir que Pablo nos instruía a que permanecieran firmes en la oración, a que seamos constantes y no desmayemos. De tal manera que, aunque estamos y somos humanamente débiles busquemos estar siempre conectados con el Espíritu Santo y Él nos ayudará a tener resultados genuinos y palpables en cada súplica hacia el padre de la gloria. La oración como lo mencione en otros de los días anteriores no es algo que hacemos cuando tenemos problemas o cuando queremos o sentimos orar. ¡No! La oración no es una píldora mágica, es un estilo de vida que nos invita y nos conduce a tener una estrecha relación personal con nuestro creador, una comunión de padre a hijo(a) cada día.

Aplicación:

¡Vamos! Creele a Dios, déjate guiar por quien conoce todas tus necesidades y además conoce donde están todas las respuestas para ellas. El Espíritu Santo fue enviado para guiarte tú no estás solo (a) no estamos desamparados el no, nos a dejado huérfanos, la palabra nos lo confirma en *Jn 14;18* Somos pueblo elegidos por Dios, él es nuestro escudo y nuestra espada. Qué más podemos decir que si Dios está con nosotros nada ni nadie se podrá oponer a lo que Él ya tiene deparado para nuestras vidas, búscale de corazón y te asegure le encontraras, Dios no está en el negocio de jugar a las escondidas Él es real y no se hace esperar.

Oración:

Mi querido Jesús en este día quiero presentarme como instrumento de bien ante tu presencia, tómame como ofrenda agradable a ti, que tu Espíritu Santo sea mi guía y que yo pueda dejar que él interceda por mí en mis oraciones hacia ti. Yo reconozco que sigo aprendiendo a orar cada día, renueva mi mente estoy dispuesta a conectarme contigo espiritualmente para orar y adorarte en espíritu y en verdad *(Jn 4;24)* para así poder ver milagros y prodigios en mi vida y la de mis seres queridos. Enséñame a interceder por el mundo entero en la oración especialmente por aquellos que necesitan y anhelan conocerte y aceptarte con su salvador. Te lo pido en el nombre poderoso de Jesús. ¡Amén!

Notas;

Qué aprendí,

Dia Luminoso 23

YAHVÉ- NISI

"Dios mi estandarte"

Después de la victoria, el Señor dio a Moisés las siguientes instrucciones: «Escribe esto en un rollo para que sea un recuerdo perpetuo, y léelo en voz alta a Josué: "Yo borraré por completo la memoria de Amalec de debajo del cielo"». Entonces Moisés edificó un altar en ese lugar y lo llamó «el Señor es mi estandarte»).

Éxodo 17:14,15 (NTV)

Dia Luminoso 23

Y todo lo que pidiereis en oración, creyendo, lo recibiréis.

Mateo 21:22 (RVR60)

Reflexión:

Dios es un Dios sobrenatural, y lamentablemente una gran mayoría de nosotros, especialmente el pueblo Cristiano no logra entender este concepto de verdad absoluta. Miremos un momento el significado que se nos da en el 2013 *K Diccionarios Ltd. Algo que no puede explicarse por las leyes de la naturaleza, un ser sobrenatural*. Entonces volveremos al versículo de este día Luminoso, deseo que lo leamos nuevamente; *Y todo lo que pidiereis en oración, creyendo, lo recibiréis.* Lo que yo no acabo de entender en la iglesia de Dios, quien realmente somos nosotros los humanos que la formamos, es que hay tantos creyentes que viven en la miseria, y no digo solo en lo material si no también en lo físico y espiritual. Este versículo está más que claro, a mi entender no es un trabalenguas, para tratar de descifrarlo, entonces porque lo complicamos tanto. Óseas si le pides a Dios en la oración con corazón limpio y buen intencionado y lo crees en lo más profundo de tu ser, por fe lo recibirás, es así de simple. Pero el problema que yo veo en algunos de nosotros y lamentablemente especialmente algunos que llevan muchos años en el evangelio, es que ponen excusas para los demás y para ellos mismos. No, pero si tú estás haciendo algo mal Dios no te dará lo que pides, otra; pero si tú no estás casada por la iglesia tú no puedes serviles o no puedes trabajar tal ministerio o si tú escuchas música del mundo tú estás en pecado y Dios no le gusta eso y se enojará contigo, perdónenme eso es religiosidad no es Dios. Tienen un sinnúmeros de respuestas al porque Dios no responderá a este versículo en *Mateos 21:22* y yo te pregunto y será que no hemos escuchado y leído que se nos dice en la palabra; *Porque por gracia ustedes han sido salvados por medio de la fe, y esto no procede de ustedes, sino que es don de Dios. Ef 2:8 (NBL)* La misericordia de Dios es tan y tan grande que el no mira tu pecado porque eso ya fue clavado en la Cruz del calvario. Escúchenme no se enojen y brinquen de la banca antes de seguir leyendo, esto no significa que vamos a ir día a día pecando deliberadamente y luego venimos antes Dios a pedirle favores. ¡No! No se trata de eso, se trata de que Dios sabe que vivimos en un cuerpo débil y el mismo se encargará de traer convicción a quien la necesite, estamos llamados a la santidad no a venir a su encuentro santos, venir a Jesús es un proceso. Miremos en *Mt 26:41 (NBL) "Velen y oren para que no entren en tentación; el espíritu está dispuesto, pero la carne es débil."* Entonces Él sabe que cuando cometemos una falta es porque somos débiles, si deseas prueba de que tan grande es la misericordia de Dios lee sobre el Rey David, quien a pesar de sus graves errores Dios se movía en su entorno, pero miremos esto otro; ¿Quién es el que vence al mundo, sino el que cree que Jesús es el Hijo de Dios? 1 Juan 5:5 *(NVI)* Lo que deseo que les quede claro es que el versículo Luminoso de hoy nos dice claramente que todo lo que pidamos en la oración y lo creyere lo recibiremos, simple y llanamente no deje que la religiosidad de algunos te haga creer lo contrario de la palabra de Dios. En el libros de los *Romanos 2:11* nos dice; Porque *en Dios no hay acepción de personas.* Y más aún debemos entender que la palabra nos reitera en; *Números 23:19 (Rv60) Dios no es hombre, para que mienta, Ni hijo de hombre para que se arrepienta. Él dijo, ¿y no hará? Habló,*

YAHVÉ- NISI

¿y no lo ejecutará? Quiero llevarte al entendimiento total de la grandeza del Señor para que no te dejes engañar nunca más y cuando le pidas de corazón al Señor creas que Él te escuchará. En el libro de *Santiago* se nos dice también en su capítulo *1:17 (NVI) Todo lo que es bueno y perfecto es un regalo que desciende a nosotros de parte de Dios nuestro Padre, quien creó todas las luces de los cielos.* Él nunca cambia ni varía como una sombra en movimiento. Simplemente, creele a Dios y a su palabra, leamos donde se nos demuestra que Jesucristo *es el mismo ayer, y hoy, y por siempre. Heb 13:8 (RVG)* Pídele que Él esté deseoso de contestar los deseos más profundos de tu corazón.

Aplicación:

¡Vamos! Encuentra un lugar en tu casa ya sea dentro o fuera donde puedas presentarte ante el señor, que sea un altar hecho para él, un lugar Santísimo, no busque comodidad ni santo alguno, solo tú, El Espíritu Santo y la sagradas escrituras o la biblia como desees llamarle, toma ese lugar y consagráselo a Él. Haz como hizo Moisés en *Éxodo 17:14,15* que sea ese lugar sagrado donde puedas acudir cuando más necesites de él, tu Señor tu estandarte, pero que también sea donde puedas llegar con acción de gracias a celebrar tus victorias con Él y en El. ¡Gloria a ti Rey de Reyes y Señor de Señores!

Oración:

Oh, Padre del cielo, Bendice, alma mía, al SEÑOR, y no olvides ninguno de sus beneficios. *Sal 103:2 (LBLA) Repite con tu boca otra vez, Oh, Padre del cielo, Bendice, alma mía, al SEÑOR, y no olvides ningunos de sus beneficios.* Que pueda yo Señor creer en tus maravillas y saber que tú siempre me escuchas y estás atento a mis oraciones listo para contestarlas. Padre mío que yo no sea segada/o a tu verdad y no sea engañada por aquellos que no te conocen. Líbrame de las artimañas de satanás, que él nunca más tenga influencia sobre mi mente, yo deseo con todo mi corazón que tus pensamientos sean mis pensamientos. Gracias, todopoderoso, mi estandarte porque yo sé y declaro sobre mi vida y la de los míos tu victoria, teniendo la certeza que esta guerra no es mía si no que es tuya mi Dios. *(2 Cr 20:15)* Todo esto te lo pido en el nombre poderoso de Jesús. ¡Amén!

YAHVÉ- NISI

Notas;

Qué aprendí,

Día Luminoso 24

YAHVEH YIREH

"el Señor proveerá"

Abraham llamó a aquel lugar Yahveh-jireh (que significa «el SEÑOR proveerá»). Hasta el día de hoy, la gente todavía usa ese nombre como proverbio: «En el monte del SEÑOR será provisto.

Génesis 22:14 (NTV)

Día Luminoso 24

En verdad les digo: Si el grano de trigo no cae en tierra y muere queda solo; pero si muere, da mucho fruto.

Juan 12:24 (BL)

Reflexión:

El Versículo Luminoso de hoy me trae a la memoria otro versículo que nos denota algo importante en esta reflexión leamos juntos; *De modo que si alguno está en Cristo, nueva criatura es; las cosas viejas pasaron; he aquí, son hechas nuevas. 2 Cor 5:17 (LBA)* Entonces podremos entender que al aceptar a Cristo en nuestras vidas como Señor y Salvador tenemos un llamando a morir a lo viejo o lo pecaminoso y a vivir una vida agradable a Él, la cual producirá muchos frutos. Cuando hablamos de morir no es literalmente que vamos a morir humanamente si no que básicamente al no conocer a Cristo y recibirle estábamos muertos en pecado, veamos lo que se nos dice en; *Colosenses 2:13,14 (RVC) Antes, ustedes estaban muertos en sus pecados; aún no se habían despojado de su naturaleza pecaminosa. Pero ahora, Dios les ha dado vida juntamente con él, y les ha perdonado todos sus pecados. Ha anulado el acta de los decretos que había contra nosotros y que nos era adversa; la quitó de en medio y la clavó en la cruz.* Entonces volviendo al primer versículo que use podemos ver que ahora somos nuevas criaturas y como tal debemos empezar a caminar en Cristo Jesús. Cuando se nos habla del grano de trigo en el versículo principal y se nos dice que si no muere queda solo aquí podemos ver que no andaríamos en Cristo como es debido y qué pasa cuando no andamos en él, veamos; *Jn 15:4,5 (NVI) Permanezcan en mí, y yo permaneceré en ustedes. Así como ninguna rama puede dar fruto por sí misma, sino que tiene que permanecer en la vida, así tampoco ustedes pueden dar fruto si no permanecen en mí.» Yo soy la vid y ustedes son las ramas. El que permanece en mí, como yo en él, dará mucho fruto; separados de mí no pueden hacer nada.* Es de gran necesidad entender que fuera de Dios no somos nada, pero con él lo somos todo. Dios desea que tú y yo seamos luz en medio de estos tiempos tan oscuros que estamos viviendo mundialmente; leamos juntos para entender un poco mejor; *Jn 8:12 (RV60) Otra vez Jesús les habló, diciendo: Yo soy la luz del mundo;(A) él que me sigue, no andará en tinieblas, sino que tendrá la luz de la vida.* Esto es algo que no debemos pasar por alto, cuando lo aceptamos, formamos parte de Él y obtenemos la luz de la vida. Dios quiere que tú y yo formemos parte de su reino y que no, nos perdamos en el camino. Miremos lo que se nos dice en; *1 Tm 2:3,4 (RVR) Porque esto es bueno y agradable delante de Dios nuestro Salvador; El cual quiere que todos los hombres sean salvos, y que vengan al conocimiento de la verdad.* Como lo he mencionado antes conocer la verdad absoluta de Dios es lo único que nos puede garantizar que estamos caminando en dirección correcta para no perdernos, y si por alguna razón tomamos un camino equivocado, se nos será más fácil volver a la senda correcta porque tenemos un fundamento que se llama Jesús. Él lo dice claramente; *Entonces él les refirió esta parábola, diciendo: ¿Qué hombre de vosotros, teniendo cien ovejas, si pierde una de ellas, no deja las noventa y nueve en el desierto, y va tras la que se perdió, hasta encontrarla? Lc 15:3,4 (RVR1960)* Quiero que sepas que si caes Dios está para darte ánimo, fortaleza y dominio propio y te ayudará a levantarte. Mira lo que Jesús te dice hoy; *Jesús le dijo: Yo soy el camino, y la verdad, y la vida; nadie viene al Padre, sino por mí. Jn 14:6 (RV60)* Tenemos un mediador, quien intercede por ti y por mí. Así que debemos crucificar el hombre viejo a la mujer vieja y empezar una vida nueva, que produzca frutos en abundancia. Llevémoslo palabra de aliento al necesitado, palabra de ánimo al desanimado, palabras de fortalezas al que se encuentra encadenado. Para eso estamos llamados para llevar a Cristo donde quiera que vamos, a portar su luz en medio de las tinieblas. No a llevar prejuicios y calamidades y acusaciones, no el único que puede juzgar es Dios. Dejémosle ese trabajo a Él a su hora El juzgara y separara a su pueblo elegido del hombre de la perdición. Leamos juntos este versículo el cual es muy interesante en la forma en que Dios ve las cosas. Dios actúa a su tiempo perfecto y conforme a su plan divino. *Y los siervos del dueño fueron y le dijeron: «Señor, ¿no sembraste buena semilla en tu campo? ¿Cómo, pues, tiene cizaña?». Él les dijo: «Un enemigo ha hecho esto». Y los siervos le dijeron «¿Quieres, pues, que vayamos y la recojamos?». Pero él dijo «No, no sea que al recoger la cizaña, arranquéis el trigo junto con ella. Dejad que ambos crezcan juntos hasta la siega; y al tiempo de la siega diré a los segadores: "Recoged primero la cizaña y atadla en manojos para quemarla, pero el trigo recogedlo en mi granero. Mt 13:27,30* ¡Wow! Que grandioso es el Señor, grande es su benevolencia aquí tenemos una gran enseñanza, en que Dios nos provee en todo momento, cuando el enemigo piensa que finalmente ha acabado con nosotros de una vez y por toda, Dios dice déjalo ahí para que al final él mismo pueda ver nuestra victoria luego Dios lo apartara y lo echan al fuego.

Aplicación:

¡Vamos! Quiero que entiendas que el Señor es nuestro proveedor, miremos lo que significa esto; "proveer" según la Real Academia Española, quiere decir "preparar, reunir lo necesario para un fin, suministrar o facilitar, resolver, o dar salida a un negocio". Me gustaría que logres entender que no importa que tan difícil veas la situación en tu entorno, debemos recordar que se nos dice en; *2 Cor 5:7 Vivimos por fe, no por vista.* ¡A su vez podremos cosechar de la siembra y llegaremos a regocijarnos en la grandeza y poder de nuestro proveedor, muere a lo viejo así cantarás Vitoria!

Oración: Papa Dios, yo sé y confío que tú eres quien suples mis necesidades, tú eres un Dios proveedor para todos tus hijos y mis generaciones, que yo al igual pueda entender mi llamado por el cual fui creado/a. Yo deseo ser nueva criatura en ti, y como se nos dice en tu palabra en *San Marcos 4:8 Pero otra parte cayó en buena tierra, y creció, dando una buena cosecha; algunas espigas dieron treinta granos por semilla, otras sesenta granos, y otras cien.»* Señor que lo que tú has depositado en mí pueda dar una cosecha al 100% de acuerdo a tu llamado en mi vida, para que sea buena y agradable ante tus ojos, que yo pueda y quiera siempre compartir de todo lo que tú me suples, tanto en tu palabra como en los bienes materiales y espirituales. Que yo pueda mostrarles a los que me rodean, al pueblo que tú has puesto a mi alcance tu grandeza y tu misericordia, que pueda yo disminuir para que crezcas tú en sus vidas. Te lo pido en el nombre que está sobre todo nombre el cual es Cristo Jesús. ¡¡Amén!!

Notas;

Qué aprendí,

Dia Luminoso 25

JEHOVA GIBBOR MILJAMA

"El Señor poderoso en batalla"

¿Quién es este Rey de la gloria? El SEÑOR, fuerte y poderoso; El SEÑOR, poderoso en batalla.

Salmo 24:8 (NBL)

Dia Luminoso 25

"Tú que habitas al amparo del Altísimo y resides a la sombra del Omnipotente, dile al Señor: "Mi amparo, mi refugio, mi Dios, en quien yo pongo mi confianza". Él te librará del lazo del cazador y del azote de la desgracia; te cubrirá con sus plumas y hallarás bajo sus alas un refugio. No temerás los miedos de la noche ni la flecha disparada del día, ni la peste que avanza en las tinieblas, ni la plaga que azota a pleno sol. Aunque caigan mil hombres a tu lado y diez mil, a tu derecha, tú estarás fuera de peligro: su lealtad será tu escudo y armadura. Basta que mires con tus ojos y verás cómo se le paga al impío. Pero tú dices: "Mi amparo es el Señor", tú has hecho del Altísimo tu asilo. La desgracia no te alcanzará ni la plaga se acercará a tu tienda: pues a los ángeles les ha ordenado que te escolten en todos tus caminos. En sus manos te habrán de sostener para que no tropiece tu pie en alguna piedra; andarás sobre víboras y leones y pisarás cachorros y dragones. "Pues a mí se acogió, lo libraré, lo protegeré, pues mi Nombre conoció. Si me invoca, yo le responderé, y en la angustia estaré junto a él, lo salvaré, le rendiré honores. Alargaré sus días como lo desee y haré que pueda ver mi salvación"

Salmos, 91 (Biblia Latinoamérica)

Reflexión:

Comúnmente este Salmo de protección se usa en momentos difíciles, pero yo quiero decirles hoy en este día Luminoso que tanto tú como yo tenemos promesas en el que sirven para el día a día. Ya sea que estés feliz, ya sea que te haya ido bien en los negocios o en el trabajo o totalmente todo lo contrario, y parezca que todo el infierno se ha soltado en tu contra. Este salmo, yo lo llevo desde muy niña en mi corazón y en mi boca, aun cuando ni siquiera conocía a Jesús como mi Salvador ya yo le tenía fe y confianza en su protección sobrenatural. Con lo más profundo de mi ser creo en cada palabra escrita en él, te cuento que yo ni siquiera sabía que habían promesas en el, créeme que te digo la verdad. Las promesas las descubrí años después cuando acepté a Cristo como mi único salvador, pero quiero que sepa que aún sin saber esta importantísima información ese salmo poseía un poder visible en mi interior cuando lo oraba. No existía pesadilla, peleaba con arañas, o con el mismo diablo que yo no pudiera vencer con este poderoso Salmo. Oh cuántas noches sin dormir desde niña, aunque muy pocas veces llegaba a decirle a nadie pues de seguro se reirían de mí, o por los menos se que me llamaría miedosa una imagen que no me definía, porque nunca lo fui. Todo esto me trae al recuerdo algo que nos dice; *Habacuc 2:2 (NVI) Y el Señor me respondió: «Escribe la visión, y haz que resalte claramente en las tablillas, para que pueda leerse de corrido. Pues la visión se realizará en el tiempo señalado; marcha hacia su cumplimiento, y no dejará de cumplirse. Aunque parezca tardar, espérala; porque sin falta vendrá.* Por qué digo que esto me llegó al recuerdo es porque cuando sólo sabía lo mínimo de nuestro Dios, y solo tenía un recuerdo vivo de mis abuelos maternos orando cuando era muy niña y el recuerdo de ver este salmo 91 en la biblia abierto en la mesa de noche de mi amada madre. Entiendo que esto fue suficiente para sembrar en mí un poco de fe en la palabra de Dios, lo cual hoy me hace también entender que ya Dios venía preparándome a confiar en lo que está escrito en las sagradas escrituras para días como estos. Fui llevada a la iglesia unos pocos años cuando hice la primera comunión, ya después de ahí nunca más me llevaron y claro yo tampoco al crecer volví. No fue hasta cuando mis 2 hijos mayores que en ese entonces tenían entre 3 a 5 años, allí fue cuando logré regresar a la iglesia. Por esto puedo darle gracias a Nereida la abuela paterna de mis hijos, aunque en ese entonces era costumbre de solo asistir los domingos para decir verdad. Aunque hoy sé y tengo la revelación de que Dios ya tenía planes para mi vida. Entonces con este salmo 91 aprendí en aquel entonces que para poder ver su resultado debía recitar, y recitar, leerlo una y otra vez para poder ver lo deseado cumplido en mis tiempos de guerra espiritual. Diríamos que el Señor ya estaba trabajando mi fe sin yo saberlo, me estaba enseñando a creer que lo que yo deseaba en mi corazón, en ese libro llamado Biblia podía hacerse una realidad si deveras lo creía. Aun cuando yo ni siquiera sabía ni entendía lo que realmente me estaba pasando, finalmente ya lo podía repetir de memorias, pero más que eso yo diría que este salmo o sea la palabra de Dios ya había hecho raíces profundas en mi persona y podía devolverle el golpe al enemigo en tiempos de ataques. Yo deseaba estar a la sombra del omnipotente, aun cuando llevaba una vida desordenada, yo estaba segura de que Dios me protegía, y mi confianza estaba puesta en la fuerza que tiene este salmo, y lo tenía claro a pesar de todo esto. Yo verdaderamente sentía que Él me cuidaba de todo mal. Les cuento todo esto porque a través de los años aprendí que no era una porción mágica si no que era el mismo Dios quien despacha a sus ángeles a cuidarme y llevarme en sus manos. Sabía que, aunque cayeran mil a mi lado y diez mil a mi diestra el mismo me sostendría. Oh que maravilloso es el Señor, glorificado sea su santo nombre. Al llevar esta oración en lo más profundo de mi ser me hacía sentir como se nos dice en el libro de *Filipenses 4:13 YO TODO LO*

PUEDO EN CRISTO QUE ME FORTALECE. Oh, hermanos (a) toma esta oración como una plegaria diaria no la sueltes de tu boca ni de día ni de noche, te aseguro que te será de máxima protección, será mejor que andar con una pistola en tus manos. Es que no dormirá el que te cuida, leamos como no los dicen; *Salmo 121:3,4 No dejará que resbale tu pie; no se adormecerá el que te guarda. He aquí, no se adormecerá ni dormirá el que guarda a Israel.* Es glorioso poder entender que nuestro amparo es el Señor, y que podemos hacer un asilo de él. ¿Cuánto no buscan tener un guardián, y saben qué? ya Dios nos los regaló al nacer y lo tendremos por el resto de nuestras vidas. Aun así, hay quienes tienen que pagar un guardia de seguridad para ser custodiado y protegidos de todo mal físico, sin entender que su confianza solo debe ponerse en el todopoderoso en batalla. Hermanos deseo decirles que cuando pones tu plena confianza en el Señor y tú fe en toda su palabra en especial de este salmo, tus pies no tropezasen en ninguna piedra, podrás andar sobre víboras y leones y pisarás cachorros y dragones pero a ti y a los tuyos Él los librará. Que más podemos creer, hay que tener la confianza y saber que Dios está de nuestro lado. Leamos para confirmar este pacto. *Salmo 121:8 el SEÑOR guardará tu salida y tu entrada desde ahora y para siempre.* Y siendo esto así también se nos dice en; *Rom 8:31 (LBLA) Entonces, ¿qué diremos a esto? Si Dios está por nosotros, ¿quién estará contra nosotros?* ¡Nadie! jamás podrá estarlo! Más sin embargo, un lugar de refugio y una fuente de fortaleza no sirven de nada si no está Dios de nuestro lado. Es fácil pensar en cosas que podrían ser útiles para salvarnos pero que a menudo están sumamente lejos porque nuestra vista está en este mundo y no en lo espiritual donde existe El padre. Necesitamos una seguridad en Cristo y una fortaleza que venga de lo alto para que se haga visible a nuestros ojos su protección divina. Creo en mi corazón que si tomas como medicina a tu vida espiritual este salmo diariamente el mismo servirá como un escudo, cuando le invoques El te responderá, alargará tus días y te dará su salvación. Amén, gloria a Dios en lo alto.

Aplicación:

¡Vamos! Reconozcamos que Él siempre está presente y que sus alas nos abrazan en toda situación presente que podamos estar enfrentando, en este versículo siguiente podemos ver que no peleamos solos los problemas y dificultades de esta vida; ¿Quién es este Rey de la gloria? El SEÑOR, fuerte y poderoso; El SEÑOR, poderoso en batalla. Salmo 24:8 *(NBL)* Créele a Dios él es nuestra fortaleza, nuestro lugar de refugio, su lealtad es nuestra armadura. Podemos permanecer a la sombra del omnipotente y encontrarnos que aún en los momentos más oscuros de nuestros tiempos, Dios es nuestro amparo en los tiempos presentes él es nuestra luz.

Oración:

Señor amado, permite que yo pueda percibir tu presencia ahora en este Día Luminoso, consuela mi alma con tu poder que me sostiene. Muéstrame que en ti soy vencedor (a) como se nos dice en tu palabra; *Pero en todas estas cosas somos más que vencedores por medio de Aquél que nos amó. Rom 8:37 (NBL)* Yo sé que tú me amaste primero Señor y te doy gracias eternamente por este amor. Recordando tus palabras te pido cuides a todos los míos, como nos dice el *Salmo 103:17 (NVI) Pero el amor del Señor es eterno y siempre está con los que le temen; su justicia está con los hijos de sus hijos*. Que tu palabra nunca se quite de mi boca, que yo siempre recuerde que tú eres mi escudo y mi fortaleza, El Dios poderoso en batalla. Esto te lo pido en el nombre que está sobre todo nombre Cristo Jesús. ¡¡Amén y amén!!

Notas;

Qué aprendí,

Dia Luminoso 26

EL SIMJAT GILI

"Dios, mi Gozo rebosante"

Entonces llegaré al altar de Dios, a Dios, mi supremo gozo; y al son de la lira te alabaré, oh Dios, Dios mío

Salmos 43:4 (LBLA)

Dia Luminoso 26

Estén siempre contentos. Oren en todo momento. Den gracias a Dios por todo, porque esto es lo que él quiere de ustedes como creyentes en Cristo Jesús. No apaguen el fuego del Espíritu.

1 de Tesalonicenses 5:16-19 (DHH)

Reflexión:

Estas últimas líneas en los versículos de este día Luminoso *"No apaguen el fuego del espíritu"* son poderosas. Y les voy a añadir del mismo capítulo 5 este otro versículo porque creo que es de igual importancia comprender lo que se nos está diciendo en el libro de Tesalonicenses *Versículo 21 Examinadlo todo; retened lo bueno.* Si hay algo que me he dado cuenta al caminar con Dios a través de los años, es que es imprescindible tener una relación directa con el Espíritu Santo, el porqué de esto es porque él puede guiarnos por senderos llanos cuando la vida nos quiere hacer pasar por caminos áridos. Él nos encamina en verdes praderas, claro está, ¡no pienses que en ese caminar no encontrarás piedras en el camino que te harán tropezar, oh! Sí, te lo aseguro que sí. Pero también te aseguro que el espíritu Santo te enseñará estrategias para superar tales dificultades, El té dará la mano para que te levantes y te sacudas el polvo para seguir el mismo camino que el padre ha deparado para ti. Por esto es importante examinarlo todo y quedarse solo con lo bueno. ¡Si! Probablemente abran lágrimas de dolor, ¡sí! vendrán momentos de desaliento, ¡sí! se podrá ir de tu lado la esposa o el esposo o descansarán algunos en la muerte, pero los veremos en la segunda venida de Cristo si han muerto en El. Lo que quiero que sepas amigo(a) es que en esos momentos difíciles Jesús caminara contigo, y podrás ver solo un pal de huellas serán las de Jesús en la arena cuando te llevaba en sus brazos, no pienses que son las tuyas en tu soledad, no! son las del Señor. Porque nos dice la palabra en; *Dt. 31:8 El SEÑOR irá delante de ti; El estará contigo, no te dejará ni te desamparará; no temas ni te acobardes.* Esto me trea al recuerdo unos años de mi vida muy difíciles cuando mis dos hijos mayores Ashley y Jeremy estaban pequeños, pasamos muchas dificultades juntos, yo como madre sortera, me encontré viviendo en una casa con dos hombres a los cuales no conocía, no les contaré como llegue allí porque la historia es muy larga. Al principio todo parecía ir bien, no recuerdo cuánto tiempo pasó si unos días o unas semanas o meses no lo recuerdo para ser honesta, pero llegó un momento que me entró mucho miedo. Los niños dormían en la cama y yo dormía en el piso frente a la puerta del cuarto con una silla bajo la cerradura porque la puerta no tenía como cerrarse o laquearse. Entonces pensé si alguien quiere entrar al cuarto la silla me caerá encima y me despertaré. Bueno donde quiero llegar es al punto que al mismo tiempo que esto estaba pasando en la casa había cucarachas de esas que vuelan, bueno si no las conoces pues yo sí, me recuerdan cuando era niña en mi país en los 80s existían, claro para este entonces a mí se me habían olvidado. Una noche durmiendo sentí una de ellas en mi cara caminando, me desperté horrorizada y me senté en el piso y le dije a Dios, mira papá Dios ya lo que me está pasando es suficiente, ¡las cucarachas no! esas si que no las voy a aguantar, así que yo sé que tú puedes hacer algo con ellas y me volví a costar muy molesta. Hermanos quiero que sepan que esa fue la última vez que en el cuarto aparecieron las cucarachas voladoras. Mi punto con esto es que hay cosas en la vida que nos van a pasar y pueden que sean parte del propósito que Dios tiene para tu vida para hacerte más fuerte, pero hay algunas cosas o situaciones que tú y yo tenemos la autoridad de cambiarlas, de atarlas y desatarlas, aquí en la tierra, leamos en; *Mateo 16:19 Y a ti te daré las llaves del reino de los cielos; y todo lo que atares en la tierra será atado en los cielos; y todo lo que desatares en la tierra será desatado en los cielos.* Y perdonado la palabra sin ofender a nadie, muchos religiosos piensan que esto sólo fue para Pedro y otros en autoridad como la de él, pero si así hubiese sido entonces, leamos juntos estos siguiente versículos que nos aclara un poco más de que tanto tú como yo tenemos autoridad aquí en la tierra; *Lucas 9:11 Reuniendo a los doce, les dio poder y autoridad sobre todos los demonios y para sanar enfermedades.* Y en *Lucas 10:19 Miren, les he dado autoridad sobre todos los poderes del enemigo; pueden caminar entre serpientes y escorpiones y aplastarlos. Nada les hará daño.* Pero deseo hacer un hincapié en este último; *Por tanto, confiesen sus pecados unos a otros, y oren unos por otros para que sean sanados. La oración eficaz del justo puede lograr mucho. Santiago 5:16* También la oración de intersección ayuda grandemente a alinearnos al propósito de Dios tanto el nuesotros como por las personas que oramos e intercedemos. Entonces nosotros si podemos cambiar situaciones bajo la autoridad de Cristo nos a otorgado. O al contrario tomar la insensata decisión de retener o guardar los momentos indeseados por ingnorancia, o simplemente tomar la sensata decisión de aprender de la actual y sostener lo bueno de toda situación y lo malo echarlo a un lado. A pesar de que yo estaba pasando por momentos muy difíciles, para mí no era lo peor. Porque hoy por hoy yo les digo que, si para estar parada donde Dios por su gracias me tiene hoy, he aceptado lo que me pasó en el pasado, pero no lo retengo como algo malo, yo reconozco que con mi poco conocimiento del reino de Dios y su sabiduría, pase por esas dificultades para hoy apreciar lo bueno y grandioso que es mi Dios. Entendí que sus pensamientos no son mis pensamientos, los de él están muy por encima de los míos, y como tal lo acepto. Dios tenía deparado para mí y mi familia lo mejor, pero si me hubiese quedado en el pasado con odio en mi corazón, me hubiese perdido el gozo que llevo hoy dentro de mí. ¡Gloria a Dios! Leamos lo que le dijo Jesús a sus discípulos en cierta ocasión en; *Jn 4:4,7 (RV60) Y le era necesario pasar por Samaria. Vino, pues, a una ciudad de Samaria llamada Sicar, junto a la heredad que Jacob dio a su hijo José. Y estaba allí el pozo de Jacob. Entonces Jesús, cansado del camino, se sentó así junto al pozo. Era como la hora sexta. Vino una mujer de Samaria a sacar agua; y Jesús le dijo: Dame de beber.* Hay veces en la vida que debemos pasar por ciertos caminos, claro Dios no quiere mal para sus hijos él quiere lo mejor, pero debemos ser probados como el oro, así como a de ser pasado por el fuego para refinarse a nosotros nos toca perfeccionarnos en la fe. Mi mayor deseo es que sepan que en esos momento tan difíciles de mi vida, tampoco fue fácil para mis hijos, pero yo tomé la decisión de accionar en medio de mi tormenta. No escatime los desafíos de la vida misma y aun cuando en la Florida estuvieron los días más calurosos a 100 grados más o menos de caliente la temperatura eso a mí ni me importaba, o si estuviera una tormenta de agua con truenos y relámpagos. Yo estaba determina a buscar la presencia del Señor, claro no piensen que fui o era una santa, no como todo ser humano cometía errores probablemente a diario, pero con mis errores y mi pesar me iba a la capilla de la iglesia todos los días, con mis hijos caminando a aproximadamente 45 a una hora, no recuerdo exactamente la distancia para ir y para regresar lo mismo, sé que llegábamos temprano en la tarde y regresábamos ya en la noche. Estaba determinada a presentarme ante mi padre en oración y suplica y en medio de ese caos le daba gracias y les enseñaba a mis hijos a también dar gracias a Dios. Yo nunca deje que ellos vieran lo mal que nos iba, siempre les presente lo bueno que era Dios sin importar las circunstancias, nunca les hablé mal de nadie, ni sembré odio en sus corazones.

Entonces, Jesús debía pasar por Samaria, allí se encontraría con una mujer que en medio de su vida la cual también era un caos, pues andaba con una persona hoy y otra mañana y ningunos de ellos era su esposo, Jesús a pesar de todo eso decidió llegar a ella para su salvación, pero para los que conocen la historia y si no la sabes te insto a que la leas completa. Esa mujer pecadora incluso de otra religión tuvo una revelación del mesías, miremos lo que le dijo en el versículo 26 de Juan 4, Jesús le dijo: *Yo soy, el que habla contigo.* Pero como si eso no fuera suficiente, es que Dios es grandioso y misericordioso, Jesús no solo pasó por allí por ella si no, que podemos ver que su testimonio movió a otros a buscar a Jesús. Podemos ver que ella de inmediato fue a contarle a los demás de Jesús, así mismo estamos tú y yo llamados a dar testimonio de Cristo a los demás de cómo Él nos ha sacado del lodo y nos ha salvado, démosle gracias por sus maravillas. Retengamos lo bueno y desechen lo malo de nuestro corazón, no guardemos rencor por lo que otros nos hayan hecho o hayan hablado de nosotros. Dejemos que el fuego del Espíritu viva entre nosotros y nos enseñer a ser lo mejor que podamos ser para que otros también le den gracias a Dios por su gran amor y poder. Leamos juntos estos versículos para que siempre estemos alegres, alabando, cantando y gozosos en el Señor. *Aunque la higuera no florezca, ni haya frutos en las vides; aunque falle la cosecha del olivo, y los campos no produzcan alimentos; aunque en el aprisco no haya ovejas, ni ganado alguno en los establos; aun así, yo me regocijaré en el Señor, ¡me alegraré en Dios, mi libertador! Habacuc 3:17-18 (NVI)* Cuando nuestras miradas están puestas en el Señor, su paz se transfiere a lo más profundo de nuestro ser. Cuando no encuentres salida, cántale al Señor, lee los salmos, refúgiate en su sagrada escrituras, te aseguro que allí tal como yo encontré paz cuando me presentaba en su altar, tú también puedes encontrar su paz y vivir en ella.

Aplicación:

¡¡¡Vamos!!! Gocémonos en Cristo Jesús como nuestros Salvador, en él seremos una nueva creación, un nuevo ser humano como se nos dice en; *Ef 4:24 (Biblia Jubileo 2000) y vestir el nuevo hombre que es creado conforme a Dios en justicia y en santidad de la verdad.* Como creyentes ya somos una nueva criatura y tenemos un testimonio que compartir como los que no tienen esta misma fe, para que lleguen a reconocer a Jesús y también ser salvos. Que nuestra alegría y nuestra luz sea como una vestidura que aquellos que nos ven deseen obtenerla. Dios es nuestro gozo rebosante, él es nuestro refugio, una ayuda en tiempos de necesidad. Así como la mujer del pozo ese día tan glorioso tuvo la revelación del mesías que tú y yo también podamos atender nuestro llamado y decirle sí a Jesús como también lo hizo la virgen María. Que tú y yo podamos al instante dejarlo todo y correr a proclamar su santo nombre. No pienses en que soy muy tímido(a) que no se hablar, que no tengo dinero para viajar, ¡no! Empieza allí con tus más allegados y conocidos dale testimonio de lo que Cristo ha hecho contigo. ¡Glorificad su santo nombre!

Oración:

Padre bueno, Dios de mis antepasados te pido hoy que mi oración llega ante ti como ofrenda agradable. Que yo pueda proclamar tu grandeza y siempre estar alegre y constante en la oración sabiendo que tú eres mi gozo rebosante, mi supremo gozo, nada hay fuera de ti papá Dios. Te pido hoy por todos mis seres queridos que yo pueda testificar tu santo nombre ante ellos, yo sé que como dice tu palabra en; *Lucas 19:40 Él, respondiendo, les dijo: Os digo que, si éstos callaran, las piedras clamarían.* Que yo no calle Señor, que yo pueda proclamar tu santo nombre a tiempo y a destiempo, que yo pueda reconocer que tu misericordia para con los hijos de los hombres es infinita, que yo entienda que tú no haces distinción de personas. Dios tú no quieres que nadie perezca más sí que todos se salven, obra a través de mí, que yo sea portadora de tu luz, esto te lo pido en el nombre poderoso de tu hijo Jesús. ¡¡Amén!!

Notas;

Qué aprendí,

_____
_____
_____
_____
_____
_____
_____
_____
_____
_____
_____
_____
_____
_____
_____
_____
_____
_____
_____
_____
_____
_____

Dia Luminoso 27

YAHVEH EL- EMETH

"SEÑOR, DIOS DE VERDAD"

En tu mano encomiendo mi espíritu; tú me has redimido, oh, Señor, Dios de verdad.

Salmos 31:5 (LBA)

Dia Luminoso 27

El Señor te pondrá por cabeza, no por cola. Estarás por encima de todo, nunca por debajo, siempre y cuando obedezcas y cumplas los mandamientos del Señor tu Dios, que hoy te ordeno cumplir,

Deuteronomio 28:13 (RVC)

Reflexión:

¿Somos cabeza y no cola, Dios nos ha puesto por encima y no por debajo, ¿será que podremos entender esto algún día? Bueno hay un remanente de Dios que si lo ha comprendido, pero lamentablemente hay una gran mayoría que está en total ceguera, sin saber ni entender en su persona quien es en realidad. Leamos para tener mejor entendimiento de quienes somos en verdad más allá del ser un ser humano de carne y hueso, veamos que se nos dice sobre el tema; *Porque somos hechura de Dios, creados en Cristo Jesús para buenas obras, las cuales Dios dispuso de antemano a fin de que las pongamos en práctica. Ef 2:10.* Aquí está más que claro que somos creación de Dios hechura suya, que no te quede duda de quién eres y de dónde vienes, eres hijo de un Rey un Dios soberano y como tal podemos operar bajo ese mismo entendimiento y poder, bajo esa revelación llena de sabiduría. Leamos juntos; *"En verdad les digo: el que cree en Mí, las obras que Yo hago, él las hará también; y aún mayores que éstas hará, porque Yo voy al Padre. Jn 14:12.* Muchas personas andan por la vida preguntándose en su interior el camino a seguir, sin saber y sin importarles adónde quieren llegar, contentos simplemente con llegar a alguna parte o un estado civil o nivel social. Por consiguiente, caminan y caminan por las sendas de la vida, sin nunca saber cuándo han llegado a su destino, lamentablemente esto se debe a que nunca estuvieron un camino claro en sus mente para poder seguir. Es por eso por lo que la declaración de Jesús - *YO SOY EL CAMINO, LA VERDAD Y LA VIDA* en *Juan 14:6* Esta verdad es sumamente importante para nosotros. Porque, como lo afirmó Jesús, Él mismo es el camino donde nos urge llegar para obtener la salvación y una vida plena, llena de paz interior la cual tanto necesitamos hoy en día. Hermanos no hay otro camino más que Jesús, por consiguiente, acerquémonos a Dios en oración para que Él nos revele el propósito por el cual hemos sido creados tú y yo. Cuando no tenemos identidad en Cristo andamos como las olas de aquí para allá, sin rumbo definido, mira lo que se nos dice en la palabra, leamos juntos; *Pero que pida con fe, sin dudar; porque el que duda es semejante a la ola del mar, impulsada por el viento y echada de una parte a otra. No piense, pues, ese hombre, que recibirá cosa alguna del Señor. Santiago 1:6,7* Dios nos revela en este Dia Luminoso de hoy que para poder acceder cualquier cosa la cual pueda ser de bendición, debemos de no dudar, pues como les mencioné anteriormente es de gran importancia saber quiénes somos en Cristo Jesús. Cuando obedecemos sus mandamientos nos posicionamos a un nivel donde seremos muy caros para que el Diablo y sus contrincantes quieran venir a meterse con nosotros, porque el maligno sabe que tendrá que devolvernos hasta 7 veces más de lo que nos ha robado. Pero el problema para la humanidad es que el enemigo sabe que muchos de nosotros nos faltan revelación y no sabemos nuestro valor como hijos del todopoderoso, el Rey supremo. Leamos junto que le pasara al enemigo si tú y yo reconocemos la verdad en Cristo Jesús. Éxodo 22:2,4 Si el ladrón es sorprendido forzando una casa, y *es herido y muere, no habrá culpabilidad de sangre; pero si ya ha salido el sol, habrá culpabilidad de sangre. Ciertamente, el ladrón debe hacer restitución; si no tiene con qué, entonces será vendido por el valor de su robo. Si lo que robó, sea buey o asno u oveja, es hallado vivo en su posesión, pagará el doble.* ¡Oh, Gloria a Dios! Si tú y yo nos damos cuenta de que nos están robando ese diablo ladrón, ese tendrá que devolvernos con interés los que nos ha robado. No dures un día más sin reconocer quién eres, devuélvele al demonio y a su equipo el golpe no con tus fuerza si no con la espada de doble filo que es la palabra de Dios. Ahora necesito que te quede claro te los vuelvo a reiterar no es con tus fuerzas que lo vas a lograr, siempre ten presente en tu mente lo que se nos dice en; *2 Cro 20:15 y dijo Jahaziel: "Presten atención, todo Judá, habitantes de Jerusalén y tú, rey Josafat: así les dice el SEÑOR: 'No teman, ni se acobarden delante de esta gran multitud, porque la batalla no es de ustedes, sino de Dios.* Entonces puedes entender que la guerra no es tuya, Dios la pelea por ti, el té restituirá lo perdido, tu trabajo y el mío es pararnos en la verdad de Cristo y decirle al enemigo tal como lo hizo Jesús, porque tenemos total autoridad de hacerlo. Recuerda ya te lo proveemos y tenemos la autoridad y haremos hasta mayores cosas que Jesús aquí en la tierra. (Jn 14:12) Entonces cómo podemos vencer al enemigo satanás en su propio terreno? Leamos juntos; *Pero Él respondió y dijo: Escrito está: No sólo de pan vivirá el hombre, sino de toda palabra que sale de la boca de Dios. Mt 4:4* Tu y yo nos podemos armar con la espada del Espíritu que es la palabra de Dios y vencer todo mal que quiera venir contra nosotros y nuestras generaciones. Te quiero dejar con estos últimos versículos para que puedas entender que el momento es ahora, la victoria ya está en tus manos estamos centrados en lugares celestiales, nuestra vista es desde las alturas parados en la roca, ¡recibe esa revelación en el nombre de Jesús! Leamos juntos; *Lucas 10:17, 20 Cuando los setenta y dos regresaron, dijeron contentos: Señor, hasta los demonios se nos someten en tu nombre. Yo veía a Satanás caer del cielo como un rayo —respondió él—. Sí, les he dado autoridad a ustedes para pisotear serpientes y escorpiones y vencer todo el poder del enemigo; nada les podrá hacer daño. Sin embargo, no se alegren de que puedan someter a los espíritus, sino alégrense de que sus nombres están escritos en el cielo.* Tú tienes todo el poder, ya fue dado a ti hace más de 2000 años, recuerda antes de que tú estuvieras en el seno de tu madre ya tú existías, Dios te tenía pensado(a) La Victoria es tuya!

Aplicación:

¡Vamos! Tu nombre y el mío están escritos en el libro de la vida, tenemos autoridad para reclamar lo que se nos ha sido robado de generación en generación y para que sea devuelto con creces y intereses. El Dios de verdad nos ha redimido, él es nuestro padre y quiere lo mejor para nosotros. El precio pagado fue precio de sangre, el padre entregó a su hijo unigénito *(Jn 3:16)* por nuestra salvación por amor a nosotros. En *(Is 53:5)* Él fue molido por nuestras iniquidades, por su llagas hemos y somos sanados. Oh, que grandioso es el Señor, Él nos ama con amor eterno, nada podrá separarnos de ese amor. Él nos ha puesto por encima y no por debajo, como cabeza y no por cola, como se nos dice en el versículo principal. Confía, pon tu plena confianza en el que todo lo puede, para Él nada le es imposible. ¡Gloria a Dios en lo alto, aleluya!

Oración:

Mi amado Jesús, mi redentor deseo que entre en mi corazón y renueva mi mente, que yo pueda comprender el misterio guardado en tu obra salvadora. Declaró en tu santo nombre que soy libre de las ataduras de este mundo, me cubro con tu sangre la cual me ha redimido y a pagado el precio de mi salvación y la de los míos. Así como *Josué* en el *capítulo 24 versículo 15* declaró en tu palabra, hoy yo también quiero elegir, declarar y decretar que mi casa y yo serviremos al Señor. Yo sé que desde ahora y para siempre al aceptarte como mi Salvador y tener la revelación de quién soy en ti, me será de mucho gozo y alegría, Señor, Dios de verdad. Llevaré tu palabra en lo más íntimo de mi ser meditaré en ella. Pues yo te pido que pueda yo creer y no dudar de tu palabra la cual es verdad y nos dice en; *Hageo 2:9 "La gloria postrera de esta casa será mayor que la primera-- dice el SEÑOR de los ejércitos" y en este lugar daré paz-- declara el SEÑOR de los ejércitos.* Gracias Dios del cielo y de la tierra por tu amor y misericordia para conmigo, todo esto te lo pido en el nombre poderoso de Jesús de Nazaret. ¡¡Amén!!

Notas;

Qué aprendí,

Dia Luminoso 28

EMMANUEL

"DIOS CON NOSOTROS"

«La virgen quedará encinta y tendrá un hijo, al que pondrán por nombre «Emmanuel» que significa: «Dios con nosotros».

San Mateo 1:23 (DHH)

Dia Luminoso 28

Yo sé los planes que tengo para ustedes, planes para su bienestar y no para su mal, a fin de darles un futuro lleno de esperanza. Yo, el Señor, lo afirmo.

Jeremías 29:11 (DHH)

Reflexión:

Ciertamente la soberanía de nuestro padre es incomparable y su amor inigualable, cuantas veces hay puertas que se cierran en nuestras vidas y no entendemos por qué. La verdad de esto está encerrada y revelada en el versículo Luminoso de hoy, quiero que lo leamos juntos nuevamente; *Yo sé los planes que tengo para ustedes, planes para su bienestar y no para su mal, a fin de darles un futuro lleno de esperanza. Yo, el Señor, lo afirmo.* ¡Quiero y deseo en lo más profundo de mi ser que hoy, No! Mañana, o en un mes, ni en un año, ¡hoy! tú quien lees estas líneas obtengas esta revelación, porque estoy 100% segura que, al aceptar esta verdad en Cristo Jesús, tu vida cambiará para siempre. Aquí te va, empecemos por esta parte aquí, Dios es claro cuando él te dice en este versículo *"Yo se los planes que tengo para ti"* ósea esto es grande hermanos, el que te creo antes que estuvieras en el vientre de tu madre *(Jeremías 1:5)* El mismo te está diciendo Yo tengo planes con tu vida, con tu familia, con tu negocio/trabajo, con tus finanzas, ósea con todo lo que tiene que ver contigo y tus generaciones. Tú solo tienes que tener un poquito de fe y creerle a Él, lo demás El Espíritu Santo te encaminará por el camino a seguir. No será por lo que tú hagas o digas, ni por tus sacrificios y ni tus obras, si no que por su grandioso amor por ti. Sígueme por favor no te pierdas, vamos a ver qué pasó con Pedro cuando trabajó toda la noche y no pescó nada, leamos; *Cuando Jesús terminó de enseñarles, le dijo a Pedro: Lleva la barca a la parte honda del lago, y lanza las redes para pescar. Pedro respondió: Maestro, toda la noche estuvimos trabajando muy duro y no pescamos nada. Pero, si tú lo mandas, voy a echar las redes. Hicieron lo que Jesús les dijo, y fueron tantos los pescados que recogieron, que las redes estaban a punto de romperse. Entonces hicieron señas a los compañeros de la otra barca, para que fueran enseguida a ayudarlos. Eran tantos los pescados que, entre todos, llenaron las dos barcas. Y las barcas estaban a punto de hundirse. Lc 5:4,7 (TLA)* Si puedes notar en esta situación, Dios tenía planes de bien para Pedro y los que pescaban con él, la situación de Pedro la noche anterior era desalentadora para el y los demás, era talvez desesperante, porque quizás no tenían que comer, talvez tal como tú y yo alguna vez no hemos tenido para pagar los gastos de la semana o del mes, tal vez nuestra cuenta de banco está en negativo, el carro nos lo van a quitar, tenemos un enfermo en la familia y nuestros sustento peligra por esa situación. Muchas cosas negativas pueden estar rodeándonos y ante nuestros ojos no tienen solución, así como lo vio Pedro y los demás. Pero aquí te va una llave maestra para que puedas levantar tu cabeza y ver la luz en medio de la tormenta. Pedro le dijo a Jesús; *"Pero si tú lo mandas voy a echar la redes"* hermanos la historia está ahí en *Lucas*, es verídica, lo que tú y yo tenemos que hacer es obedecer a lo que Dios ya dice en su palabra y creerle a Él. No al pronóstico del tiempo, no a las noticias de la mañana, no a los politicos, no al reporte del doctor, ¡pero si creerle a Dios! ¿Él lo dijo *"Yo sé los planes que tengo para ustedes"* porque se hace tan difícil entenderlo? ¡Pero ya no más! Hoy, te liberas de las mentiras del enemigo, cuando el té traiga pensamientos de derrota y te diga tú no puedes. Dile *escrito está yo todo lo puedo en Cristo que me fortalece (Filipenses 4:13)* cuando te bombardee con que nadie te quiere o que no vales nada, Dile *escrito está Con amor eterno El me a amado, por eso me a atraído con misericordia. (Jer 31:3)* Vomos! Tírale la palabra el la cara a ese que anda como león rugiente buscando destruirte. No te rindas busca su palabra y declárala de día y de noche. Leamos los siguientes versículos juntos, ahora en el nombre de Jesús; *Cede ahora y haz la paz con Él, así te vendrá el bien. Recibe, te ruego, la instrucción (la ley) de Su boca, Y pon Sus palabras en tu corazón. Job 22:21,22 Si permanecen en mí y mis palabras permanecen en ustedes, pidan lo que quieran, y se les concederá. Jn 15:7 Pues la palabra está muy cerca de ti, en tu boca y en tu corazón, para que la guardes. Dt 30:14 Decidirás una cosa, y se te cumplirá, Y en tus caminos resplandecerá la luz. Job 22;28.* ¡Oh, Dios! ¡Viene gloria, aleluya! Espero te quede más que claro que todo lo que Dios quiere y tiene para tu vida son planes de bien y no de mal para que tengamos un futuro lleno de esperanza. Debemos permanecer firmes en su palabras para vencer la religiosidad y los ataques de satanás. Yo sé que la religión nos ha enseñado que primero debemos estar bien con Dios para que él nos ayude o nos mire con compasión,. ¡No! Desata esos pensamientos de tu mente ponlo bajo los pies de Cristo, son mentiras del enemigo, estrategias usadas por el sistema en el que vivimos hoy para atraparte y mantenerte aprisionado(a) alejándote de tu libertad en Cristo Jesús. Se libertado(a) hoy, porque la palabra de Dios nos dice; *"Así que, si el Hijo los hace libres, ustedes serán realmente libres. Jn 8:36* Y cómo podemos estar seguros de esta libertad? Vamos! leamos lo siguiente para confirmarlo; *Así que, hermanos, teniendo libertad para entrar en el lugar santísimo por la sangre de Jesús, por un camino nuevo y vivo que El inauguró para nosotros por medio del velo, es decir, Su carne, Heb 10:19,20* Jesús ya pago el precio de su sangre preciosa hace más de 2000 años para que tu y yo andemos con la cabeza en alto sabiendo que estamos sentados en lugares celestiales y que si caemos, nos podemos levantar. Él ya lo afirmó, y no se arrepentirá, todo lo que Él quiere para nosotros es para bien y no para mal. Él es el "Emmanuel" Dios con nosotros *(Mt 1:23)* y nunca nos dejará solos.

Aplicación:

¡¡¡Vamos!!! Declaremos que Dios está con nosotros, Él está de nuestra parte, Él no, nos va a abandonar, mira lo que sale de su boca; *Jos 1: 5 Nadie te podrá hacer frente en todos los días de tu vida. Así como estuve con Moisés, estaré contigo. No te dejaré ni te abandonaré.* Su presencia nos acompaña de día y de noche como se les manifestó a los israelitas en el desierto. No sé cuál es tu desierto, pero déjame decirte que, si clama a Dios, Él por Su misericordia y su amor eterno, te escuchará y se mostrará como Columna de nubes para darte protección en el día y como Columnas de fuego para darte de Su Luz en la oscuridad.

Oración:

Emmanuel, Padre de la gloria, gracias por estar a mi lado en todo momento. Mil gracias por todas las personas que de alguna manera has puesto en mi vida para que yo pueda seguir creciendo en tus caminos. Te pido padre Eternos, que se me puedan revelar los planes que tú tienes para mi vida y en la de mi familia, que tus pensamientos florezcan en mi mente y en mi corazón, reemplaza mis ideas con las tuyas en este instante, renueva mi mente hazme una criatura nueva en ti. Dame sabiduría para poder tomar las decisiones correctas siguiendo el diseño divino con el que tú me creaste. Yo declaro que soy más que vencedor(a) como lo dice tu palabra en; *Rom 8:37 Antes, en todas estas cosas somos más que vencedores por medio de Aquél que nos amó.* Gracias por elegirme y por ser mi Señor y mi Salvador. Todo esto lo declaró en el nombre que está sobre todo nombre Cristo Jesús. ¡Amén! ¡Amén!

Notas;

Qué aprendí,

Dia Luminoso 29

EL HAYAY

"EL DIOS DE MI VIDA"

De día el Señor me envía su amor, y de noche no cesa mi canto ni mi oración al Dios de mi vida.

Salmos 42:8 (DHH)

Dia Luminoso 29

Dios es Espíritu; y los que le adoran, en espíritu y en verdad es necesario que lo adoren.

Juan 4:24 (BJ 2000)

Reflexión:

¿Qué sabemos sobre la omnipresencia de nuestro creador? Quiero comenzar con esto para poder entrar en nuestra reflexión con una idea más clara en el tema. Vamos a ver como se define; omnipresencia; *Teología Atributo de la divinidad por el que está presente en todas partes a la vez. (Gran Diccionario de la Lengua Española 2016 Larousse Editorial, S.L.)* ok, ya podemos entender claramente que es alguien que puede estar en todas partes al mismo tiempo. ¡Wow! Entiendes, así es nuestro Dios. ¿Por esto el versículo de este Día Luminoso nos habla de que es necesario adorarle en espíritu y en verdad, por qué? Porque él es Espíritu, leamos; *Ahora bien, el Señor es el Espíritu; y, donde está el Espíritu del Señor, allí hay libertad. 2 Corintios 3:17* (NVI) Cuando tú y yo podemos tener un idea clara a quien le servimos y que a través de Él somos libertados, entonces también podemos adorarle libre y espiritualmente, pues hemos recibido junto a Él su espíritu. ¿Cómo sabemos que permanecemos en él, y que él permanece en nosotros? Porque nos ha dado su Espíritu. 1 Juan 4:13 *(NVI)* tener la revelación del Espíritu que está en nosotros nos hace percibir las cosas totalmente diferentes, podemos ejercer nuestra autoridad al orar y al interceder por los demás necesitados. Orar en el espíritu y en verdad va mano a mano con el poder que Jesús derramó en el libro de los hechos; ¡oh gloria a Dios en lo alto! Leamos juntos; Y *reuniéndose, les mandó que no salieran de Jerusalén (Ciudad de Paz), sino que esperaran la promesa del Padre: "La cual," les dijo, "oyeron de Mí; Hec 1:4* Porque era tan importante y deseaba Jesús que sus discípulos obtuvieran la promesa del padre al igual también nosotros? Antes de proceder, exploremos juntos; *Cuando llegó el día de Pentecostés, estaban todos juntos en un mismo lugar. De repente vino del cielo un ruido como el de una ráfaga de viento impetuoso que llenó toda la casa donde estaban sentados, y se les aparecieron lenguas como de fuego que, repartiéndose, se posaron sobre cada uno de ellos. Todos estaban llenos del Espíritu Santo y comenzaron a hablar en otras lenguas, según el Espíritu les daba habilidad para expresarse. Hec 2:1,4* Se que muchos todavía piensan que esto solo era para los discípulos de aquellos tiempos, pero por favor déjame mostrarte todo lo contrario, porque si seguimos leyendo más adelante en el *versículo 17* nos daremos cuenta que tanto tú como yo si hemos nacido de nuevo en Cristo Jesús al igual hemos residido su Espíritu. *Y en los postreros días, dice Dios, Derramaré de mi Espíritu sobre toda carne, Y vuestros hijos y vuestras hijas profetizarán; Vuestros jóvenes verán visiones, Y vuestros ancianos soñarán sueños;* pareciera contradictorio con algunas religiones, pero no hay que ir muy lejos para conocer la verdad, esta muy cerca de ti en la palabra de Dios, medita en ella. Entonces volviendo al versículo principal, es de gran importancia venir a Cristo en espíritu y en verdad. Cuando nos presentamos ante su presencia reconociendo que Él no es como nosotros de carne y hueso, vayamos con un corazón contrito y humillado sabiendo que Él es el Dios supremo, el todopoderoso, el Dios de todo verdad.

Vamos a él en una postura espiritual, ya sea que tú seas guíanos adorarle en lenguas, en cánticos de los salmos o en alabanzas solo déjate guiar por su Espíritu que está dentro de ti. Anhela tener una relación personal con tu creador para que puedas postrarte no solo a pedirle favores, sino que más que todo esto te postre ante Él en reconocimiento de quien es El y quién eres tú en El, que puedas entender que somo como el barro en manos del alfarero. Vallamos a Él en verdad ante su trono celestial, adorémosle por quien Él es, Dios saben nuestras necesidades y aunque sabemos que a el le gusta que le pidan también debemos saber que Él sabe lo que cada uno de nosotros necesitamos, leamos este versículo en; *Mt 6:33 Mas buscad primeramente el reino de Dios y su justicia, y todas estas cosas os serán añadidas.* Debe llegar un momento donde tú y yo comprendamos que cuando venimos en oración ante el Señor, tiene que estar la necesidad de darle reverencia en nuestros corazones, de exaltarlo, de elogiarlo y de decirle lo mucho que le amamos y le estamos agradecido por lo bueno que Él es, por lo grande que es Su amor para con nosotros, por su gracia y su misericordia. Creo realmente que algo que ponía a David en un lugar muy especial ante los ojos de Dios era que David savia su lugar ante el Señor, era que él sabía alabarle durante sus momentos más difíciles. Los salmos nos han dejado una gran enseñanza de la forma de cómo venir ante la presencia de Dios en todo momento por ejemplo en él; *Salmo 121:2 Mi ayuda viene del SEÑOR, Que hizo los cielos y la tierra.* Aquí podemos ver que David tenía claro en quien tenía y ponía su confianza en tiempos de tribulaciones. Y veamos como venía en tiempos de batallas antes el Señor, mira lo que pedía; *Salmo 35:1 Defiéndeme, Señor, de los que me atacan; combate a los que me combaten.* En el siguiente, vemos que David expresa su alabanzas y su gratitud hacia el Señor de esta manera; *Salmo 9:1,2 Alabaré al SEÑOR con todo mi corazón. Todas tus maravillas contaré; en ti me alegraré y me regocijaré; cantaré alabanzas a tu nombre, oh, Altísimo.* Entonces es de gran importancia saber que no solo venimos a Dios en búsqueda de nuestra necesidad para verlas cumplidas, si, no que también venimos a él cuando estamos alegres, agotados, cansados, venimos a él en verdad reconociendo su grandeza y a darle gracias por su amor mostrado en la cruz del calvario.

Aplicación:

¡¡¡Vamos!!! Sabiendo ahora que es imprescindible el adorar al Señor en espíritu y en verdad, tendremos bases diaria para poder venir antes su presencia, te aseguro que cuando te postre ante Él con alabanza podrás ver sus milagros y maravillas más seguido en tu vida y en la vidas de aquellos por los que intercedes. ¡Oh glorioso es el Señor! cómo no adorar y bendecir su santo nombre. Creele a Él no deje solamente que te cuenten o te digan los demás, experiméntalo tú de primera mano, tú puedes sentirlo y saber que él está presente en tu vida en todo momento como un Dios omnipresente. Si estás en lo más íntimo de tu cuarto allí está Él, si estás en el trabajo o negocio allí está Él, si estás sonriente allí también está Él y si estás llorando desesperado(a) allí con más razón Él también está junto a ti. No lo dudes, sé cómo el rey David que sabía exactamente cuándo venir al encuentro de la presencia del todopoderoso, el Rey de Reyes y Señor de Señores. Así como David, pedía en tiempos de angustia el socorro del Señor, también le cantaba y le adoraba en un momento donde no veía la solución, haz tú lo mismo hoy, no esperes más, no dejes para mañana lo que puedes hacer hoy.

Oración:

Dios de mi vida, necesito adorarte, quiero expresar mi amor para contigo, que no falte en mi boca alabanzas en espíritu y en verdad, que no tenga vergüenza cuando sea movida a orar en lenguas. Que no cese mi cántico para ti Señor, reconociendo que tú tienes el poder sobre todos las cosas, para tornar cualquier situación. Que yo acepte en lo más profundo de mi ser tu verdad y que como dice tu palabra pueda yo permanecer en ti; *Jn 15:4 Permanezcan en mí, y yo permaneceré en ustedes. Así como ninguna rama puede dar fruto por sí misma, sino que tiene que permanecer en la vid, así tampoco ustedes pueden dar fruto si no permanecen en mí.* Yo quiero poder dar muchos frutos en tu viña Señor, muéstrame el camino a seguir. Todo esto te lo pido en el nombre de Jesús de Nazaret. ¡Amén!

Notas;

Qué aprendí,

Dia Luminoso 30

EL EMUMA

"El DIOS FIEL"

Reconoce, por tanto, que el Señor tu Dios es el Dios verdadero, el Dios fiel, que cumple su pacto generación tras generación, y muestra su fiel amor a quienes lo aman y obedecen sus mandamientos.

Deuteronomio 7:9 (NVI)

Dia Luminoso 30

Yo no quiero la muerte de nadie. ¡Conviértanse, y vivirán! Lo afirma el Señor omnipotente.

Ezequiel 18:32 (NVI)

Reflexión:

Desde el principio de la creación, Dios nos creó a su imagen y semejanza leamos; Génesis *1:27 Cuando Dios creó al hombre, lo creó a su imagen; varón y mujer los creó.* Dios no te creo por error, eso es lo que el enemigo padre de toda mentira quiere que tú creas, desase esa mentira de tu mente en el nombre de Jesús. La idea primordial de Dios al crearnos siempre fue crearnos para la eternidad porque Él es un Dios eterno, para que así fuésemos semejante Él y viviéramos junto a Él, y tuviéramos cada día comunión con El. Esto lo podemos notar cuando Adán y Evan pecaron, ellos escucharon que Dios se paseaba por el jardín y se escondieron por miedo, ¿porque se escondieron? Es importante resaltar que ellos obviamente sabían que Dios los iba a ver desnudos y sintieron vergüenza y temor de haberle desobedecido. Podemos imaginarlo porque estaban acostumbrados a tener una constante comunión con Él, donde Dios iba y venía muy seguido a visitarlos y ellos podían hacer lo mismo con Él, ellos sabían que Dios siempre estaba presente en sus vidas y que en cualquier momento lo verían paseándose por el jardín. Dios vino a su encuentro, llamó al hombre y le pregunto dónde estás, Él buscaba esa comunicación con

Adán y Eva, yo diría que tal como la mayoría de nuestros los padres aunque siempre existe la excepción. Pero por lo menos aquellos que hicieron lo mejor que pudieron como un padre o madre, ellos estaban pendiente de sus hijos en todo momento. Dios también les visitaba todos los días, como un padre amoroso, pasaba tiempo con sus hijos y compartían en el jardín del edén libremente. Esto nos trae al tema del porqué darnos el libre albedrío, con esto en mente Dios nos regala la oportunidad de hacernos seres pensantes, Él no deseaba tener títeres, Dios quería y quiere gloriarse en cada uno de nosotros. Él nos diseñó para que pudiéramos pensar por nosotros mismos y que tuviéramos la libertad de tomar nuestras propias decisiones. Se que el caso del libre albedrío es uno de mucha polémica, donde unos dicen que no existen y otros dicen que sí, pero hay que reconocer la soberanía de Dios sobre todas las cosas. Vamos a ver que se nos dice sobre tomar nuestras propias decisiones en; *Dt. 30:19,20» Hoy pongo al cielo y a la tierra por testigos contra ti, de que te he dado a elegir entre la vida y la muerte, entre la bendición y la maldición. Elige, pues, la vida, para que vivan tú y tus descendientes. Ama al Señor tu Dios, obedécelo y sé fiel a él, porque de él depende tu vida, y por él vivirás mucho tiempo en el territorio que juró dar a tus antepasados Abraham, Isaac y Jacob».* Aquí claramente podemos y debemos entender que tu y yo tenemos la necesidad de convertirnos y un llamado a elegir, no estamos obligados a caminar en una sola dirección si no queremos o lo deseamos, pero debemos tomar la alternativa de un camino a seguir. Claro está que lo mejor es tomar la decisión de seguir el camino de la vida quien es Jesús. Por esto es que en el versículo Luminoso de hoy él nos dice *"Yo no quiero la muerte de nadie"* Dios quería y quiere lo mejor para todos nosotros, leamos; *El Señor no tarda su promesa, como algunos la tienen por tardanza; pero es paciente para con nosotros, no queriendo que ninguno se pierda, sino que todos procedan al arrepentimiento. 2 Ped 3:9* y veamos también que se nos dice sobre el mismo caso en; *Jn 6:39 Y esta es la voluntad del que me envió: que de todo lo que Él me ha dado Yo no pierda nada, sino que lo resucite en el día final.* El amor de Dios por y con nosotros es tan grande y su misericordia es para hoy y por siempre, él espera que tú y yo les obedezcamos y sigamos sus mandamientos para que así vivamos por largo tiempo. Dios entiende que desde el nacer ya venimos con el pecado original del primer Adán y que a través de eso tomaremos decisiones incorrectas, pero aun así él trata con la humanidad con amor eterno, Pero debemos entender que Jesús el ultimo Adán es espíritu de vida (1 Cor 15;45) y no tiene pecado alguno. Cuan grande es el amor de Dios, logramos verlo en la entrega de su hijo Jesús y su sacrificio de sangre. Qué precio tan grande ha pagado el Señor por ti y por mí. Esto me trae al recuerdo en los tiempos antiguos en el Éxodo. Leamos juntos este versículo; *12:22 Y tomaréis un manojo de hisopo, lo mojaremos en la sangre que está en la vasija, y untamos con la sangre que está en la vasija el dintel y los dos postes de la puerta; y ninguno de vosotros saldrá de la puerta de su casa hasta la mañana.* A su final notamos que se le dice al pueblo de Israel que ninguno salga de sus casas hasta la mañana, ¿por qué? porque si lo hacían, cuando el destructor pasará morirían. Él mismo nos advierte quédense dentro y bajo mi pacto de sangre y vivirán, diciéndonos con esto que seamos obedientes para que nada nos pase.

Nuestro Dios es un Dios verdadero, un Dios fiel, uno que no cambia, él es el mismo de ayer de hoy y de siempre. Por esto nos dice la palabra; *Romanos 3:3,4 (TLA) Y aunque es verdad que algunos de ellos no hicieron caso del mensaje, eso no significa que Dios dejará de cumplirles todo lo que les prometió. ¡De ninguna manera! Aunque todo el mundo miente, Dios siempre dice la verdad. Así lo dice la Biblia: «Todos reconocerán que siempre dices la verdad. Por eso ganarás el pleito cuando te acusen ante los jueces.* Dios no miente Él tiene promesas de bien para ti y para mí, al igual también nosotros mismo tenemos un llamado de interceder los unos por los otros como Jesús intercede ante el padre por la humanidad. Muchos de nosotros ya tenemos ese instinto muy dentro pues claro, Cristo vive dentro de nosotros. Les aclaro esto, primero miremos que hizo Abraham en cierta ocasión, *Gen 18:24 "Tal vez haya cincuenta justos dentro de la ciudad. ¿En verdad la destruirás y no perdonarás el lugar por amor a los cincuenta justos que hay en ella?* Y si seguimos leyendo más adelante Abraham insistió hasta lo último, en cuenta de que nadie se perdiera, porque haría él esto? como te comenté antes nosotros mismo llevamos dentro la imagen de Cristo, leamos juntos; *"Con Cristo he sido crucificado, y ya no soy yo el que vive, sino que Cristo vive en mí; y la vida que ahora vivo en la carne, la vivo por la fe en el Hijo de Dios, el cual me amó y se entregó a sí mismo por mí. Gálatas 2:20* Aquí podremos entender que, aunque sus pensamientos están muy por encima de nuestros pensamientos, reconocemos que somos hechura suya, hechos a su imagen y su semejanza lo que nos quiere decir que tenemos sus rasgos y características y sentimientos muy parecidos. Aunque no, nos igualamos a Él en Pos de ser Dios, pues no podemos ser Dios, solo Él es El único, El gran Yo Soy, pero si podemos ser Santos como él es Santo *1 Ped 1:16* esto es un llamado que tenemos tú y yo como su creación.

Aplicación:

¡¡¡Vamos!!! Empieza hoy a tornar tu vida hacia los mejores días que están delante de ti, aquello que pasó en el pasado, déjalo allá en el pasado, allí pertenece. Esos momentos indeseables sólo servirán de motor para empujarte a sacar aquello que Dios puso dentro de ti al crearte y para llevarte hacías las promesas que él tiene destinadas solo para ti. Deja que el Espíritu Santo te guíe, a sacar el desaliento, el odio, y el desánimo. Comienza con perdonar y posiciónate en niveles celestiales donde Dios te ha destinado a estar, estamos llamados a ser reyes y sacerdotes, leamos; *y nos hizo reyes y sacerdotes para Dios, su Padre; a él sea gloria e imperio por los siglos de los siglos. Amén. Apocalipsis/ Revelación 1:6* Que no te quede duda alguna que somos hijos de un Dios viviente, quien quiere que vivamos una vida plena de gloria en gloria y de victoria en victoria. "¡Dios es fiel!"

Oración:

Padre de la gloria, mi alma te alaba, bendito sea tu santo nombre. Gracias por tu benevolencia, por siempre querer lo mejor para mí y los míos, yo reconozco que tú entregaste a tu hijo Jesús para salvar mi vida, para el perdón de mis pecados. Perdóname! Que yo pueda perdonar a aquellos que me han dañado, así como nos dice tu oración del Padre Nuestro en Mateos, *"y perdona nuestros pecados, así como nosotros perdonamos a los que nos han hecho mal."* Que yo pueda captar realmente el significado tan importante de esta oración modelo, para que así pueda ser liberada(o) de los ataques del maligno, y cerrar de una vez y por toda las puertas de la amargura, desaliento y el desamor. Que aprenda a amar como tú me amas con amor eterno, sin esperar nada a cambio, que tú amor en mí, pueda ser transluciente hacia los demás para que pueda yo compartir de igual manera. ¡Todo esto te lo pido en el nombre poderoso de Jesús! ¡Amén!

Notas;

Qué aprendí,

Dia Luminoso 31

YAHVÉH RAFA

"El SEÑOR ES TU SANADOR"

Y Dios les dijo: "Si escuchas atentamente la voz del SEÑOR tu Dios, y haces lo que es recto ante Sus ojos, y escuchas Sus mandamientos, y guardas todos Sus estatutos, no te enviaré ninguna de las enfermedades que envié sobre los Egipcios. Porque yo, el SEÑOR, soy tu sanador."

Éxodo 15:26 (NBL)

Dia Luminoso 31

Nuestros hermanos lo han vencido con la sangre derramada del Cordero y con el mensaje que ellos proclamaron; no tuvieron miedo de perder la vida, sino que estuvieron dispuestos a morir.

Apocalipsis/ Revelación 12:11 (DHH)

Reflexión:

Nuestra victoria está ganada en la obra que Jesús hizo aquí en la tierra por cada uno de nosotros al derramar su preciosa sangre, desde que tú y yo empezamos a ver la vida a través de los ojos de Jesús estaremos en meyor posición. Nos posicionáremos a niveles celestiales, ya no caminaremos más en derrota, sabiendo y teniendo la plena seguridad que ya hemos ganado, como nos dice el versículo de este Día Luminoso ya hemos vencidos con la sangre del cordero y con el testimonio que hemos de dar. Nuestra fe no puede estar basada en lo que vemos con nuestra vista natural, nuestra fe y confianza debe estar en quien nos llamó, leamos lo que paso con Josafat en una gran tribulación en tiempos de guerra y lo que Dios le dijo en medio del la tribulación; *y dijo Jahaziel: "Presten atención, todo Judá, habitantes de Jerusalén y tú, rey Josafat: así les dice el SEÑOR: 'No teman, ni se acobarden delante de esta gran multitud, porque la batalla no es de ustedes, sino de Dios. 2 Cr 20:15* cuando tenemos el entendimiento de a quien le servimos, de quien realmente es Dios, cuando tenemos claro lo que Jesús logró con su muerte y resurrección, entonces allí caminaremos Victorioso con la frente en alto, nunca más las tormentas de la vida podrá prevalecer en nosotros. Ya el enemigo vencido esta, no temas, sé valiente nos dice el Señor. Esto me trae al recuerdo hace algún tiempo atrás que fui a un congreso Cristiano por cuatros días, y el predicador dijo algo que me tocó muy profundo, y fue esto. Él dijo que el enemigo fue arrojado del cielo y su castigo es ver como a nosotros se nos a dado la autoridad sobre él y sus contrincantes aquí en la tierra. ¡¡Wao!! Deja te cuento otra historia que escuché de otro predicador, Era un abuelo y su nieto fueron al gallinero a buscar una gallina para la comida, el abuelo tomó el animal y le puso un pie en el cuello y se lo corto. Al quitar el pies la gallina empezó a brincar y él niño comenzó a correr, donde quiera que él pequeño corría pareciera que la gallina allí iba detrás de él, al final el pequeño se encontró en una encrucijada en la fenza del patio, y el niño no encontraba salida alguna. Mientras tanto él se percató que el abuelo se moría de la risa y las carcajadas, él pequeño le pregunta al abuelo, de que te ríes papá. Y el abuelo le dice la gallina está muerta, y él pequeño muy asustado le dice pero me está persiguiendo. El abuelo le aseguró al niño que la gallina ya estaba muerta al enseñarle la cabeza cortada. Leamos esta verdad en *Lucas 10:19 (NBLA) Miren, les he dado autoridad para pisotear sobre serpientes y escorpiones, y sobre todo el poder del enemigo, y nada les hará daño.* A si nos pasa a nosotros cuando no entendemos que el enemigo vencido está, el solo puede hacerte creer que tiene poder, pero solo tiene el poder que tú le das en tu vida, cuando te des cuenta de la realidad, y el quiera venir a azotarte tú puedes decirle, mira satanás ya tú fuiste vencido por la sangre del cordero, Cristo Jesús. En el versículo anterior, recibimos una llave maestra de lo alto, es una revelación que muchos desean entender y no pueden, pero yo quiero y deseo que hoy Dios te abra el entendimiento de lo que significa esta verdad y te de la sabiduría de cómo ponerlo en práctica en tu vida cotidiana. El día que ejerza esto en tu vida el enemigo tendrá que correr de tu lado, ¡no! al contrario, tu correr de él, estamos llamados a ser victoriosos, tal como la cabeza de la gallina estaba corta así está el enemigo cortado, despojado de la presencia de Dios. ¡Vamos! Diles a los abismos yo venceré con la sangre del cordero y con mi testimonio. Estamos hechos para vencer no para vivir en derrota, leamos juntos algo de suma importancia que Jesús dijo en la Cruz; *Entonces Jesús, cuando hubo tomado el vinagre, dijo: "¡Consumado es! (¡Cumplido está!)" E inclinando la cabeza, entregó el espíritu. Jn 19:30.* Ósea ya su trabajo estaba cumplido, ahora a ti y a mí nos toca proclamar la buena nueva, ese mensaje de salvación, a aquellos que está en la oscuridad para que puedan venir a la completa revelación de Jesús y a su luz a través de la palabra, sabiendo que el se entregó en la Cruz por cada uno de nosotros. Sin tener temor de lo que nos puedan pasar en el proceso de proclamar su muerte y resurrección, vamos a ver lo que dice; *Mt 10:28 No teman a los que matan el cuerpo, pero no pueden matar el alma. Teman más bien al que puede destruir alma y cuerpo en el infierno.* Sin embargo, tenemos vida y somos nuevas criaturas en Cristo, tenemos la victoria y una promesa de la vida eterna junto a Él. Si tú que estás leyendo estas líneas no conoces a Jesús verdaderamente te insto ahora mismo, no esperes más a que hagas esta oración, Repite conmigo, Señor Jesús yo confieso con mi boca que tú eres el Señor y que resucitaste de entre los muertos, yo quiero conocerte, perdona mis pecados y culpas. Yo deseo que tú entres en mi corazón, y quiero aceptarte como mi Señor y mi Salvador. Ven Espíritu Santo renuevame, hazme una nueva criatura en ti. Si tú realmente hiciste esta oración con todo tu corazón, cree que Jesús ha entrado en tu vida, busca la guía del Espíritu Santo para que puedas asistir a una iglesia que proclame la verdad de Cristo y reconozca al Espíritu Santo como parte de las tres divinas personas. Toma el tiempo necesario para que estudies la palabra de Dios y te liberes de las artimañas del enemigo, la palabra nos dice en; *Jn 8:36 Así que, si el Hijo os libertare, seréis verdaderamente libres.* Busca tu libertad no en los seres humanos como tú y como yo, sino que búscala en Cristo Jesús nuestro único Salvador. El es el único camino, no te dejes engañar que no hay otro camino ni otro nombre que no sea el de Jesús quien salva, leamos; *Fil 2:9,11 Por eso Dios lo exaltó hasta lo sumo y le otorgó el nombre que está sobre todo nombre, para que ante el nombre de Jesús se doble toda rodilla en el cielo y en la tierra y debajo de la tierra, y toda lengua confiese que Jesucristo es el Señor, para gloria de Dios Padre.* Hemos aprendido en este devocional que Dios es Fiel, Justo, Amoroso, y también que en ÉL somos más que victoriosos, Jesús venció en la Cruz, él pagó precio de sangre por nuestras transgresiones. Caminemos en su Victoria, el enemigo vencido esta. La palabra es clara en *Col. 2:15 Y habiendo despojado a los poderes y autoridades, hizo de ellos un espectáculo público, triunfando sobre ellos por medio de Él.* ¡Gloria a Dios por todo lo alto!

Aplicación:

¡Vamos! Declaremos que la victoria es nuestra como parte del sacrificio en la Cruz que Jesús nos mostró. No tengamos miedo de perder la vida, pues en Cristo eso sería ganancia como nos dice Pablo en su carta de *Filipenses 1:20,21 conforme a mi expectación y esperanza, que en nada seré avergonzado; antes con toda confianza, como siempre, así también ahora, Cristo será magnificado en mi cuerpo, o por vida, o por muerte. Porque para mí el vivir es Cristo, y el morir es ganancia.* Que grandioso es el Señor quien nos ha dado todo lo que podremos necesitar para vencer en la carne.

No estamos solos él es nuestra esperanza, nuestro sanador, nuestros protector en tiempos de dificultad. Sigamos sus mandamientos para que así tengamos larga vida, y podremos contar todos sus beneficios y nunca olvidarlos.

Oración:

Cordero de Dios, te alabo y te bendigo. En este día quiero pedirte que me regale tu paz esa paz que no da el mundo, que yo pueda entender la revelación de tu palabra, y que tenga amor por ella. Señor abre mis ojos espirituales para yo pueda ver desde tu perspectiva, que yo pueda vivir por fe y no por vista sabiendo que tu has vencido al mundo. Que mi trabajo aquí en la tierra como creyente es tener fe en ti y creer en tu sagrada escrituras y cumplir tus mandamientos y estatutos. Que yo no piense que solo por las obras podré agradarte si no que entienda en lo más profundo de mi ser que he sido salvado(a) por tú gracias. Que reconozca que por agradecimiento a ti te daré muchos frutos aquí en la tierra, mientras esté de paso por ella. Señor Jesús que yo puedo cumplir el propósito por el cual he sido creado(a) que yo pueda ser la mejor versión de mi, y que tú luz viva en mí para así poder ser levantada en el íntimo día para celebrar contigo en la eternidad. Sabiendo que en ti Señor vencemos como nos dice la palabra en; *Jn 8:37 Pero en todas estas cosas somos más que vencedores por medio de aquel que nos amó.* Jesús dame a beber de tu agua viva para que nunca más llegue a tener sed, todo esto te lo pido en tu nombre poderoso. ¡Amén!

Notas:

Qué aprendí,

Palabras Finales de la Autora

Desde antes que yo estuviera en el vientre de mi madre ya Dios me había escogido para vivir en victoria en todos la áreas de mi vida. Porque yo realmente, creo que todos nacimos con promesas y propósitos divinos. No dejes que la religiosidad de algunos llene tu vida de incertidumbre, cuando algunos apuntan el dedo contra ti Dios te extiende la mano sin importar que tan bajo te encuentres. Creele a Dios, su palabras no miente, no hay sombra de variación en El. Yo soy una fiel testigo de la misericordia del Señor, cuando yo no veía salida a mi situación, Dios ya tenía la solución a ese problema y sin importar cuantas veces yo le fallara, Él siempre estaba dispuesto a guiar mis pasos. Cuando pensé que yo no tenía perdón Dios me perdono y me dio Paz Interior. Dios quiere tener una relación íntima contigo y deseo dejarte algunos versículos que me han ayudado en mi caminar con el Dios Grande y Todopoderoso, los cuales podrás tomar y declarar en tu vida personal cuando te sientas que no tienes salida y todas las puertas se han cerrado a tu alrededor. Podeas declararlas en cualquier situación que te encuentres, recuerda que al contar tus victorias. Nunca dejes de darle la gloria al que toda gloria merece. Su nombre es JESUS!

2 Corintios 10:4, 5

Las armas que usamos no son las del mundo, sino que son poder de Dios capaz de destruir fortalezas. Y así destruimos las acusaciones y toda altanería que pretenda impedir que se conozca a Dios. Todo pensamiento humano lo sometemos a Cristo, para que lo obedezca a él.

Isaías 54:17

pero nadie ha hecho el arma que pueda destruirte. Dejarás callado a todo el que te acuse. Esto es lo que yo doy a los que me sirven: la victoria.» El Señor es quien lo afirma.

3 Juan 1:2

Querido hermano, pido a Dios que, así como te va bien espiritualmente, te vaya bien en todo y tengas buena salud.

Romanos 12:2

No vivan ya según los criterios del tiempo presente; al contrario, cambien su manera de pensar para que así cambie su manera de vivir y lleguen a conocer la voluntad de Dios, es decir, lo que es bueno, lo que le es grato, lo que es perfecto.

PALABRAS FINALES DE LA AUTORA

Jeremías 29:11

Yo sé los planes que tengo para ustedes, planes para su bienestar y no para su mal, a fin de darles un futuro lleno de esperanza. Yo, el Señor, lo afirmo.

Romanos 6:13

No entreguen su cuerpo al pecado, como instrumento para hacer lo malo. Al contrario, entréguense a Dios, como personas que han muerto y han vuelto a vivir, y entréguenle su cuerpo como instrumento para hacer lo que es justo ante él.

Apoc/ Rev. 3: 7,8

Escribe también al ángel de la iglesia de Filadelfia: "Esto dice el que es santo y verdadero, el que tiene la llave del rey David, el que cuando abre nadie puede cerrar y cuando cierra nadie puede abrir:

Yo sé todo lo que haces; mira, delante de ti he puesto una puerta abierta que nadie puede cerrar, y aunque tienes poca fuerza, has hecho caso de mi palabra y no me has negado.

1 Corintios 15:57

¡Pero gracias a Dios, que nos da la victoria por medio de nuestro Señor Jesucristo!

Acerca de la Autora

Claribel Ramírez, es una apasionada por la lectura y se describe a si misma como una mujer muy bendecida al tener una comunión intima y personal con el Espíritu Santo, le encanta lo sobrenatural de Dios.

Ella está felizmente casada con Aníbal, hoy un empresario de negocios y es madre de Ashley de 20 años, Jeremy de 17 1/2 y John de 10. Antes de casarse paso momentos tormentos como madre soltera con sus tres hijos, verdaderamente situaciones difíciles para ellos. Estando embarazada del ultimo se dio cuenta que la vida tenia que seguir y decidió levantarse y caminar firme hacia un mejor futuro. Fue cuando decidió regresar a su ciudad a las afueras de Boston Massachusetts, e iniciar la carrera de Justicia Criminal, al mismo tiempo trabajaba a tiempo completo, para mantener a sus hijos.

Aproximadamente un poco después de 2 años decidió emprender su propio negocio y abrir un salón de belleza para este entonces tendría el apoyo total de quien sería su futuro esposo. Quien ella da testimonio que es un ángel de Dios enviado para su vida y las de sus hijos Ashley, Jeremy y John.

Despues de un tiempo de una búsqueda de las cosas sobrenaturales del Señor y llevando a cabo algunas misiones, ella ha viajado a Guatemala en varias ocasiones con la necesidad en su interior de llevar la palabra al pueblo de Dios, Claribel, junto con su esposo Aníbal han llegado a ser empresarios exitosos de negocios, guiados por la dirección de Dios. Cuentan que no dan un paso sin primero presentárselo al Señor para dejarse guiar por su Espíritu. Ahora, Claribel está asistiendo a su primer año en la escuela Encounter School of Ministry. Donde su mayor deseo es que pueda ser preparada y guiada para trabajar como misionera y llevar la buena nueva a las naciones, como lo ha sentido por muchos años en su corazón y Dios le a mostrado en sueños. Desde pequeña Claribel ha recibido sueños proféticos, ella puede recordar algunos específicos como el día que nunca olvidaremos del 911 en Estados Unidos.

Tú puedes contactarnos a: Jeremyjohnashley@gmail.com

Puedes encontrar algunos de sus videos Cristianos en YouTube: atravez de su nombre y de Clary Ramirez

https://www.youtube.com/channel/UCKpEaNmqa_Gjbad3WvOgzmg

www.ingramcontent.com/pod-product-compliance
Lightning Source LLC
Chambersburg PA
CBHW071815080526
44589CB00012B/806